Herramientas Automáticas para la Accesibilidad Web: Una Aplicación en Campus Universitarios de Excelencia 2010

Juan Jesús Castillo Valdivieso

Mª Ángeles Martínez Sánchez

INDICE

El objeto de este libro es dar una visión general de las herramientas de evaluación automática de Accesibilidad de los sitios Web que hay disponibles en la red y hacer un ejemplo de evaluación de las páginas web de los Campus de Excelencia Internacional, CEI, concedidos en 2009 y 2010 en España.

1. Planteamiento general.

El objetivo de este trabajo es el de realizar un estudio sobre las herramientas automáticas de evaluación de la Accesibilidad de los sitios Web. Para ello daremos una visión general sobre el concepto de Accesibilidad Web y veremos la importancia de aplicar este concepto en el diseño de los sitios Web.

También veremos lo importante que es aplicar estos conceptos de Accesibilidad en el momento del diseño del sitio Web, con ello se ahorrarán esfuerzos y gastos en una implementación posterior. Además veremos la necesidad de adaptar las Web para que cumplan con estos requisitos de Accesibilidad.

Haremos un ejemplo de evaluación de las páginas web de los Campus de Excelencia Internacional, CEI, concedidos en 2009 y 2010 en España utilizando diferentes herramientas de evaluación automática.

- En primer lugar vamos a introducir el concepto de Accesibilidad Web analizando los tipos de discapacidades que suponen una barrera para el uso y el acceso de la Web.

- Justificaremos la importancia de los diversos aspectos sociales de la Accesibilidad Web. El acceso a la información dentro de esta sociedad es un requisito, prácticamente imprescindible para estar integrado a nivel social, cultural, económico, laboral, etc.

- Veremos como la Accesibilidad Web intenta paliar lo que se denomina brecha digital, una forma de marginación social en la que podemos caer. En definitiva como la Accesibilidad lo que procura es ser un bien social para aquellas personas menos favorecidas por cualquier motivo.

- Daremos un repaso sobre la legislación referente a Accesibilidad Web en los distintos ámbitos que nos afectan europeo, español.

- Analizaremos los diferentes componentes de la Accesibilidad Web, haciendo una descripción de todos ellos. Además veremos las pautas para los diferentes componentes, las **prioridades** que deben cumplir y en función de estas los **niveles de conformidad** que deben satisfacer.

- Analizaremos las **Pautas de Accesibilidad al Contenido** de la Web (WCAG 1.0, WCAG 2.0, Sección 508 y Norma UNE 138803:2004) que son sobre las que se basan los análisis tanto automáticos como posteriormente manuales de los portales Web.

- Describiremos el proceso de **evaluación** de la Accesibilidad Web. Cómo debemos enfocar el análisis, comenzando por la selección del dominio de actuación, utilizando un análisis inicial con **herramientas** automáticas, para luego completar con un análisis manual de las páginas Web. Utilizar distintos modelos de navegadores y navegadores especializados, y lo que es muy importante, usar a usuarios que evalúen la Accesibilidad Web.

- Analizaremos las **herramientas para la evaluación** de la Accesibilidad Web. Haremos una descripción detallada tanto las herramientas para la evaluación automática TAW, PISTA, INTAV, Cynthia, eXaminator, WAVE y EvalAccess como de las herramientas para la evaluación semi-automática Hera.

- Realizaremos un **estudio** preliminar de la Accesibilidad Web de los Campus de Excelencia Internacional de España. Para ello utilizaremos un análisis automático de la Accesibilidad Web con el programa TAW3 en su versión descargable para instalar en el ordenador. Realizaremos un análisis de 15 páginas por sede Web y analizaremos los resultados haciendo una comparativa para obtener un ranking, a este nivel, de la Accesibilidad Web que presentan las Universidades.

- También compararemos los resultados obtenidos con las demás herramientas automática de manera que podamos comparar resultados.

2. Introducción a la Accesibilidad Web.

2.1. Accesibilidad Web.

La Web (World Wide Web) se creó como una red universal de conocimiento que ha supuesto un enorme salto cualitativo y cuantitativo en cuanto a la adquisición y tratamiento de información se refiere.

Sin embargo, y debido a diferentes motivos, hoy en día existen barreras significativas en la Web para un amplio número de ciudadanos, entre ellos las personas con discapacidad y personas mayores.

Se puede definir la accesibilidad como la posibilidad de que un sitio o servicio Web pueda ser visitado y utilizado de forma satisfactoria por el mayor número posible de personas, independientemente de las limitaciones personales que tengan o de aquellas limitaciones que sean derivadas de su entorno.

La accesibilidad Web significa que personas con algún tipo de discapacidad van a poder hacer uso de la Web. En concreto, al hablar de accesibilidad Web se está haciendo referencia a un diseño Web que va a permitir que estas personas puedan percibir, entender, navegar e interactuar con la Web, aportando a su vez contenidos. La accesibilidad Web también beneficia a otras personas, incluyendo personas de edad avanzada que han visto mermadas sus habilidades a consecuencia de la edad.

La accesibilidad Web engloba muchos tipos de discapacidades, incluyendo problemas visuales, auditivos, físicos, cognitivos, neurológicos y del habla.

La Accesibilidad Web es un elemento esencial que favorece la igualdad de oportunidades de las personas con discapacidad, permitiendo el ejercicio del derecho reconocido constitucionalmente como es el acceso a la cultura, el ocio y el tiempo libre.

2.1.1. Tipos de discapacidad.

<u>Discapacidad Visual.</u>

La discapacidad visual varía en su intensidad, pudiendo presentarse una dificultad para captar correctamente los colores, visión reducida o bien ceguera general.

La dificultad para percibir el color se traduce en una falta de respuesta ante ciertos colores. Por ejemplo, la dificultad de distinguir el rojo y el verde, o el amarillo y el azul. En este sentido, el diseñador de contenidos no debe codificar contenidos o establecer acciones que sólo sean identificables mediante color. (Por ejemplo, establecer que los campos en rojo de un formulario son obligatorios).

Los usuarios con ceguera suelen navegar con un lector automático de pantalla ([WIKI-SCREENREADER]) que les posibilita hojear la información. Para tal fin, el diseñador de contenidos debe haber introducido previamente encabezados de niveles diferentes, listas, links significativo y textos alternativos en los contenidos gráficos.

Discapacidad Auditiva.

La discapacidad auditiva puede ser muy diversa, desde problemas leves de audición, sordera parcial o sordera total.

Los problemas leves de audición se corrigen mediante instrumentos amplificadores del sonido.

Las personas con dificultades auditivas deberían encontrarse con muy pocos problemas ante las interfaces actuales para el acceso a la información, ya que la mayoría están basadas en información visual. El diseñador de contenidos debe tener en consideración la codificación de los mensajes de alerta mediante sonidos (como puede ser un mensaje de error) y utilizar mensajes textuales simultáneos.

Discapacidad Física.

Algunas personas con discapacidad física pueden tener problemas para realizar ciertas tareas físicas tales como mover un puntero, pulsar dos teclas a la vez, o mantener apretada una tecla. En un caso más serio, los usuarios pueden no ser capaces de utilizar un teclado o un ratón, por lo que deberán utilizar un sistema alternativo de introducción de datos, como un sistema basado en la voz o en movimientos de otras partes del cuerpo (la cabeza o la boca), mediante sistemas alternativos de apuntamiento, como son los licornios y los punzones. Por tanto, el acceso a los contenidos debe realizarse mediante un interfaz que permita la interacción total con el teclado.

En el caso de que se utilice un sistema de introducción de datos mediante voz, los programas pueden utilizar las etiquetas asociadas a cada elemento del interfaz (botones, links, cuadros de diálogo, etc.), y estos elementos deben estar claramente etiquetados para que el usuario pueda interactuar de forma eficiente mediante la voz.

<u>Discapacidad del Lenguaje.</u>

Las deficiencias en el habla incluyen la dificultad para pronunciar de forma reconocible o con un nivel sonoro o una claridad suficiente.

Las dificultades con el lenguaje no suelen provocar problemas importantes en el acceso a la información Web, ya que el acceso a los contenidos Web mediante la voz se produce en muy raras ocasiones.

<u>Discapacidad Cognitiva y Neurosensorial.</u>

La discapacidad cognitiva y sensorial incluye múltiples discapacidades como la dislexia, la discalculia, el desorden de la capacidad de prestar atención, la disminución de la inteligencia, la disminución de la memoria, las alteraciones en la salud mental, la epilepsia, y otras.

Para evitar problemas derivados del acceso a los contenidos Web por parte del grupo de usuarios con discapacidad cognitiva, es conveniente planificar sistemas de información para que las personas con dificultades de este tipo sean capaces de utilizarlos eficientemente. Para ello, se deben desarrollar sistemas basados en la sencillez y evaluarlos con personas con discapacidad cognitiva para detectar los posibles problemas relacionados con el entendimiento.

<u>Otros usuarios que se benefician de la Accesibilidad.</u>

Asimismo, también beneficia a otros grupos de usuarios como aquellas personas con dificultades relacionadas con el envejecimiento o las derivadas de una situación desfavorable determinada:

- Usuarios de edad avanzada con dificultades producidas por el envejecimiento, el cual lleva asociado una pérdida paulatina de capacidades (vista, audición, memoria, coordinación y destreza física).
- Usuarios afectados por circunstancias derivadas del entorno como baja iluminación, ambientes ruidosos, espacio reducido, etc.

- Usuarios con insuficiencia de medios que acceden a los servicios de Internet mediante equipos y conexiones con capacidades limitadas. Algunos ejemplos comunes:
  - o Navegadores antiguos.
  - o Conexiones lentas.
  - o Pantallas pequeñas.
  - o Monitor monocromo.
  - o Ausencia de ratón.
  - o Dispositivos móviles.
- • Usuarios que no dominen el idioma, como aquellos de habla extranjera o con menor nivel cultural.
- • Usuarios inexpertos o que presentan inseguridad frente a la utilización de diversos dispositivos electrónicos.

La Accesibilidad Web beneficia, en general, a todos los usuarios.

2.1.2. Ayudas técnicas para el acceso a la Web

Cualquier producto, instrumento, equipo o sistema técnico utilizado por una persona minusválida, fabricado especialmente o disponible en el mercado para prevenir, compensar, mitigar o neutralizar la deficiencia, incapacidad o discapacidad. (UNE-EN ISO 9999). Incluye tanto productos hardware como software.

A continuación se describen algunas de las ayudas técnicas basadas en software que emplean las personas con discapacidad para utilizar un ordenador y navegar por la Web:

- **Lectores de pantalla**: Los lectores de pantalla (*screen readers* en inglés) son un software que permite la utilización del sistema operativo y las distintas aplicaciones mediante el empleo de un sintetizador de voz que "lee y explica" lo que se visualiza en la pantalla, lo que supone una ayuda para las personas con graves problemas de visión o completamente ciegas.

- **Magnificadores de pantalla:** Los magnificadores de pantalla (*screen magnifiers* en inglés) son un software o dispositivos hardware (por ejemplo, lupas) que permiten visualizar la pantalla con un considerable aumento en su tamaño, lo que supone una ayuda para las personas con problemas de visión: con estas ayudas técnicas, un usuario que posee algún residuo visual puede ver la pantalla del ordenador mediante el aumento del tamaño de la pantalla.

- **Navegadores accesibles:** Navegadores para principiantes o que funcionan con símbolos, recomendados para personas con discapacidad cognitiva o problemas de aprendizaje. *Navegadores de voz:* Un navegador de voz es un software que permite a los usuarios ciegos o con deficiencia visual navegar por los contenidos Web, que son expresados en forma de voz.

- **Navegadores alternativos:** Navegadores web con características especiales que no se encuentran en los navegadores más comunes. Ej. Navegadores solo texto.

- **Reconocedores de voz.** Los reconocedores de voz se utilizan como dispositivo de entrada de información del ordenador, son utilizados por aquellas personas que tienen dificultades para utilizar el teclado o el ratón. Este tipo de aplicaciones convierten la voz del usuario en órdenes que envía al sistema operativo, mediante un micrófono, pudiendo repercutir en los movimientos del ratón o en los del teclado.

- **Software de rastreo.** Muestra la información de forma secuencial de forma que el usuario pueda interactuar con ella en el instante en que aparezca en pantalla.

- **Braille y líneas braille.** El Braille es un código de lectura y escritura inventado por Louis Braille en el siglo XIX para que las personas invidentes tuviesen acceso a la información a través de las puntas de los dedos. A partir de dicho código se han creado **dispositivos** como las líneas Braille basados en mecanismos electromagnéticos que permiten la presentación de caracteres braille mediante puntos o clavijas que suben y bajan dinámicamente a través de unos agujeros realizados sobre una superficie plana.

- **Los teclados alternativos** son los productos de apoyo diseñados específicamente para usuarios con determinadas discapacidades (generalmente físicas o motrices) o para ciertas condiciones de uso impuestas por el entorno. Además, también existen conmutadores y dispositivos que permiten usar el ordenador sin necesidad de recurrir al ratón o teclado. Entre este tipo de los productos de apoyo, se encuentran: Teclados ampliados, teclados reducidos, teclados para una sola mano, teclados en pantalla, punteros de cabeza o licornios, varillas bucales, sistemas de reconocimiento de ojo, detectores del movimiento de la cabeza o conmutadores de aspiración o soplado.

2.2. Ventajas de la Accesibilidad en un sitio Web

La Web es un recurso muy importante para diferentes aspectos de la vida: educación, empleo, gobierno, comercio, sanidad, entretenimiento y muchos otros. Es muy importante que la Web sea accesible para así proporcionar un acceso equitativo e igualdad de oportunidades a las personas con discapacidad. Una página Web accesible puede ayudar a personas con discapacidad a que participen más activamente en la sociedad.

La Web ofrece a aquellas personas con discapacidad una oportunidad de acceder a la información y de interactuar.

La importancia de los diversos aspectos sociales de la accesibilidad de la Web es diferente para las organizaciones y situaciones específicas. Por ejemplo, la meta de una organización podría ser convertirse en ser líder en responsabilidad social corporativa, otra organización podría estar especialmente interesada en atraer capital de fuentes de inversión socialmente responsable, y otras podrían estar interesadas en demostrar su enfoque en un grupo social específico, como las personas mayores.

La Web es un medio importante para la recepción de la información, así como de proporcionar información e interactuar con la sociedad. Por lo tanto, es esencial que la Web sea accesible a fin de ofrecer igualdad de acceso y la igualdad de oportunidades para las personas con discapacidad. Este derecho humano fundamental reconocido en la Convención de las Naciones Unidas sobre los Derechos de las Personas con Discapacidad, que menciona específicamente Internet y el acceso a la información y otras tecnologías de la comunicación (TIC). Una página Web accesible también puede ayudar a las personas con discapacidad y las personas mayores participar más activamente en la sociedad.

La Web es una oportunidad para un acceso sin precedentes a la información para las personas con discapacidad. Es decir, las barreras de accesibilidad a la impresión, audio y medios visuales pueden ser mucho más fáciles de superar a través de tecnologías Web. Por ejemplo, cuando la principal forma de obtener cierta información era ir a una biblioteca y leer en papel, no había obstáculos importantes para muchas personas con discapacidad, incluidos los de llegar a la biblioteca, físicamente conseguir los recursos, y la lectura del recurso.

Cuando esa misma información también está disponible en la Web en un formato accesible, es mucho más fácil para muchas personas acceder a la información. Por lo tanto, las personas con discapacidad pueden tener un acceso más eficaz y eficiente a la información a través de sitios Web accesibles donde, posiblemente, no se tenía acceso a ella antes.

La Web es una oportunidad para la interacción sin precedentes para las personas con discapacidad. Por ejemplo, algunas discapacidades limitan el tipo de trabajo que una persona puede hacer, una Web accesible puede aumentar sus opciones de empleo. Una página Web accesible también amplía las oportunidades para la comunicación, interacción social, y la participación de la comunidad para las personas con discapacidad y personas mayores con discapacidades relacionadas con la edad.

Actualmente existen importantes barreras en la Web para muchas personas con discapacidad. Debido a que la mayoría de los desarrolladores Web no utilizan herramientas Web de accesibilidad.

Por ejemplo, cuando los desarrolladores requieren la interacción del ratón para utilizar un sitio Web, las personas que no pueden utilizar un ratón pueden tener gran dificultad, y cuando los desarrolladores no incluyen el texto alternativo para las imágenes importantes, las personas ciegas no pueden obtener la información de las imágenes. Muchos de estos obstáculos también afectan a los usuarios con mayores necesidades de accesibilidad.

La estimación de cuántas personas están afectadas por la accesibilidad de la Web es difícil por varias razones. Los países definen la discapacidad de manera diferente y utilizan diferentes métodos para determinar el número de personas con discapacidad. Algunas condiciones comunes que afectan el uso de la gente de la Web (como la ceguera de color) no pueden ser consideradas discapacidades en muchos países. No todas las discapacidades afectan al acceso a la Web (por ejemplo, dificultad para caminar no afecta el acceso a la Web). Además, algunas personas no quieren revelar su discapacidad, y algunas personas mayores no consideran que sus impedimentos una discapacidad.

El término *"brecha digital"* se utiliza a menudo para referirse a las barreras económicas y sociales para el uso de ordenadores para las personas sin discapacidad. Muchas personas con discapacidad se ven afectadas por los mismos factores económicos y sociales, incluyendo las tasas muy bajas de empleo y de ingresos bajos. Junto con las barreras en el entorno físico y en las tecnologías informáticas, los factores que pueden condicionar y aumentar la brecha digital son:

- Falta de tecnologías Web accesibles en general (por ejemplo, navegadores y herramientas de autor).
- Falta equipamientos efectivos.
- Falta de oportunidades de formación para alcanzar la competencia con las tecnologías Web.
- Acceso limitado a un entorno social que fomenta uso de la Web.
- Acceso limitado a conexiones de alto ancho de banda, o incluso de acceso a la Web normal.

Una organización que se compromete a reducir la brecha digital tiene que incluir en su actividad una descripción de la accesibilidad a la red que puede reducir el impacto de las barreras económicas y sociales para uso en la Web, para personas con necesidades de accesibilidad.

Aunque el foco principal de la accesibilidad a la red son las personas con discapacidad, la accesibilidad también beneficia a personas sin discapacidades, incluyendo:

- Las personas mayores.
- Las personas con bajo nivel de alfabetización o no que no hablan el idioma.
- Las personas con conexiones de bajo ancho de banda o el uso de las tecnologías más antiguas.

- Los usuarios nuevos y poco frecuentes.

- Las personas con discapacidades temporales, por ejemplo, de un accidente o enfermedad, también se benefician de la accesibilidad Web.

Otra consideración importante para las empresas es que la accesibilidad Web es un requisito establecido en algunos casos por leyes y políticas.

Las empresas pueden beneficiarse:

- Incrementa la cuota de mercado y audiencia de la Web.

- Mejora la eficiencia y el tiempo de respuesta.

- Demuestra responsabilidad social.

- Evidencia el cumplimiento de la ley.

2.3. Evaluación de la Accesibilidad en los sitios Web

Cuando se desarrolla o rediseña un sitio Web, la evaluación de la accesibilidad de forma temprana y a lo largo del desarrollo permite encontrar al principio problemas de accesibilidad, cuando es más fácil resolverlos. Muchas de las características accesibles de un sitio se implementan de forma sencilla si se planean desde el principio del desarrollo del sitio Web o al comienzo de su rediseño. La modificación de sitios Web inaccesible puede requerir un gran esfuerzo, sobre todo aquellos que no se "etiquetaron" correctamente con etiquetas estándares de XHTML, y sitios con cierto tipo de contenido, como multimedia.

Técnicas sencillas, como es cambiar la configuración en un buscador, pueden determinar si una página Web cumple algunas de las pautas de accesibilidad. Una evaluación exhaustiva, para determinar el cumplimiento de las pautas, es mucho más compleja.

Hay herramientas de evaluación que ayudan a realizar evaluaciones de accesibilidad. No obstante, ninguna herramienta en sí misma puede determinar si un sitio cumple o no las pautas de accesibilidad. Para determinar si un sitio Web es accesible, es necesaria la evaluación humana.

3. Instituciones y Asociaciones sobre Accesibilidad Web

3.1. W3C/WAI.

El Consorcio World Wide Web (W3C) es un consorcio internacional en el que las organizaciones que la componen, el personal a tiempo completo y el público en general, trabajan conjuntamente para desarrollar estándares Web. La misión del W3C es:

Guiar la Web hacia su máximo potencial a través del desarrollo de protocolos y pautas que aseguren el crecimiento futuro de la Web.

El W3C trata de alcanzar su objetivo principalmente a través de la creación de Estándares Web y Pautas. Desde 1994, el W3C ha publicado más de ciento diez estándares, denominados Recomendaciones del W3C. El W3C también está involucrado en tareas de educación y difusión, y en el desarrollo de software, sirviendo a su vez como foro abierto de discusión sobre la Web. Para que la Web alcance su máximo potencial, las tecnologías Web más importantes deben ser compatibles entre sí y permitir que cualquier hardware y software, utilizado para acceder a la Web, funcione conjuntamente. El W3C hace referencia a este objetivo como "interoperabilidad Web". Al publicar estándares abiertos (no propietarios) para lenguajes Web y protocolos, el W3C trata de evitar la fragmentación del mercado y, por lo tanto, la fragmentación de la Web.

Diferentes organizaciones, procedentes de diversos puntos del mundo y de campos muy diferentes, forman parte del W3C con intención de participar en un foro neutral para la creación de estándares Web. Los Miembros del W3C y un grupo de expertos técnicos, han hecho posible que el W3C sea reconocido a nivel internacional por su contribución en el desarrollo de la Web. Los Miembros del W3C (testimonios), el personal y los expertos invitados trabajan juntos para diseñar tecnologías, con el objetivo de asegurar que la Web continuará creciendo en el futuro, adaptándose a la creciente diversidad de personas, hardware y software.

Entre las iniciativas globales del W3C se encuentra la de mantener sus asociaciones con organizaciones nacionales, regionales e internacionales en todo el mundo. Estos contactos ayudan al W3C a establecer una cultura de participación global en el desarrollo de la World Wide Web. El W3C ha establecido una colaboración especialmente estrecha con otras organizaciones que están desarrollando estándares para la Web o para Internet con intención de facilitar el progreso.

3.1.1. WAI.

La *Web Accessibility Initiative* (WAI) o Iniciativa para la Accesibilidad Web es una rama del World Wide Web Consortium (W3C) que vela por la accesibilidad de la Web. Publica las Guías de Accesibilidad al Contenido Web. La idea general del WAI es crear una serie de reglas claras.

Las "Pautas de Accesibilidad al Contenido en la Web" (WCAG) son una especificación del W3C (World Wide Web Consortium) que proporciona una guía sobre la accesibilidad de los sitios de la Web para las personas con discapacidad. Hay dos versiones WCAG 1.0 aprobada en 1999 y las WCGA 2.0 aprobadas en 2008.

El grado de accesibilidad se establece en niveles denominados A, AA, y AAA, correspondiendo respectivamente a criterios mínimos de accesibilidad, extendidos, y accesibilidad máxima. Técnicamente la accesibilidad se implementa mediante pautas de lógica estructural de documentos, contenido auto-explicativo y semántica adicional, con la intención de permitir, a una audiencia lo más extensa posible de usuarios con distintos niveles de dotación tecnológica y capacidad sensorial, acceder a la información que se intenta representar y transmitir.

3.2. Fundación CTIC.

La Fundación CTIC (Centro Tecnológico de a Información y la Comunicación) es una institución privada, sin ánimo de lucro, de carácter social y de cooperación para el desarrollo tecnológico. Está constituida por un patronato de empresas del ámbito de las Tecnologías de la Información y la Comunicación (TIC) y por el Gobierno del Principado de Asturias.

Su objetivo fundacional es promover y estimular actividades relacionadas con el desarrollo de las TIC en todos los campos de la vida económica y social, que conduzcan al impulso y fortalecimiento de la Sociedad de la Información.

Entre sus objetivos estratégicos se encuentran:

- Implantar la Sociedad de la Información entre la ciudadanía, empresas e instituciones.
- Ser un referente en investigación TIC.
- Incrementar la participación del tejido empresarial en proyectos de I+D+i.
- Ser un punto de referencia en materia de Sociedad de la Información

Iniciativa CTIC-TAW.

El objetivo fundamental de la iniciativa es proporcionar a las Instituciones y empresas promotoras y desarrolladoras de sitios Web, un catalogo de servicios de alto valor añadido en el ámbito de las arquitecturas Web e independencia de dispositivo proporcionando una gran especialización tecnológica, capaz de realizar consultoría en accesibilidad, estandarización Web y tecnologías móviles además de fomentar el uso de tecnologías inclusivas y los estándares W3C.

Servicios:

- Realización de informes de buenas prácticas en accesibilidad y calidad de arquitecturas Web en base a estándares W3C

- Creación de estrategias generales de calidad de servicios Web para las organizaciones y políticas para la estandarización de portales de Internet.
- Soporte avanzado y consultoría en estándares W3C y accesibilidad Web.
- Servicios de asesoría, consultoría, asistencia técnica y soporte en tecnologías móviles.
- Diseño y construcción de software innovador que permite asegurar la viabilidad de proyectos Web basados en nuevos enfoques o mejoras en la aplicación de estándares Web y recomendaciones de W3C.

3.3. INTECO

El Instituto Nacional de Tecnologías de la Comunicación (INTECO) creó en 2006, el Centro de Referencia en Accesibilidad y Estándares Web con el objetivo de apoyar en el cumplimiento de la normativa de accesibilidad Web.

Además ofrece soporte y formación a la Administración General del Estado (AGE), realizando estudios de observatorio y desarrollando un área de I+D+i, que asegura el cumplimiento de las pautas propuestas y su adecuación a las Leyes de Servicios de la Sociedad de la Información y de Igualdad de Oportunidades, No Discriminación y

Accesibilidad Universal de las personas con discapacidad.

Desde el Centro de Referencia se estudia el estado actual de la accesibilidad y el uso de estándares web de la AGE, promoviendo acciones destinadas a homogeneizar los portales web de la administración en tecnologías del W3C:

- Estudio de los portales de la AGE, con el objetivo de adoptar medidas encaminadas a conseguir una web pública para todos y todas, particularmente en los sitios y portales que desde la Administración Pública se mantienen y se sostienen.
- Consultoría, soporte y difusión: Resolución de problemas detectados en los estudios.
- Formación: Acciones formativas y de teleformación, con cursos de accesibilidad y gestión de contenidos accesibles.
- Difusión de tecnologías inclusivas para facilitar el acceso a la administración electrónica.

3.4. AENOR.

AENOR, consciente de la necesidad de eliminar las dificultades y de garantizar el acceso universal a las Tecnologías de la Información y Comunicación (TIC), pone a disposición de las organizaciones que desean avanzar en el ámbito de la gestión de la accesibilidad dentro de las este campo su Certificación de Accesibilidad TIC (Accesibilidad Web) conforme a la Norma UNE 139803 "Requisitos de accesibilidad para contenidos Web".

Para demostrar el cumplimiento con los requisitos de accesibilidad establecidos en la Norma 139803, la organización puede optar a solicitar un Certificado AENOR - Marca N de Accesibilidad TIC o bien un Certificado de Conformidad.

Certificado AENOR - Marca N de Accesibilidad TIC.

Para obtener el certificado AENOR - Marca N de accesibilidad TIC es necesario, además del cumplimiento de las pautas de accesibilidad, que la organización haya implantado y mantenga un Sistema de Gestión de la Accesibilidad. Los requisitos de este sistema se recogen en el Anexo D del Reglamento Particular de Certificación de AENOR RP A90.01.

El Sistema de Gestión de la Accesibilidad está ideado para asegurar que el sitio Web mantenga en el tiempo su nivel de accesibilidad. Se basa en 4 elementos fundamentales:

- Gestión de los recursos: La dirección debe determinar y proporcionar los recursos necesarios para diseñar, implementar y mantener el nivel de accesibilidad del sitio Web. (personal, formación, herramientas).

- Elaboración y mantenimiento del sitio Web: La organización debe planificar y desarrollar los procesos necesarios para el diseño, desarrollo, gestión de contenidos y mantenimiento, así como los métodos de control para asegurar la accesibilidad del sitio Web. El resultado de dicha planificación debe quedar documentado.

- Gestión de proveedores: Se deben identificar, evaluar y seleccionar los servicios y productos prestados, y los proveedores que afecten a las actividades asociadas al diseño, desarrollo, gestión de contenidos y mantenimiento de la Accesibilidad del Sitio Web.

- Tratamiento de reclamaciones de clientes: Se debe definir la sistemática de actuación para el tratamiento de las reclamaciones efectuadas por los usuarios de la Web en relación con la accesibilidad del sitio Web certificado.

Si se cumplen los requisitos de accesibilidad y del Sistema de Gestión de la Accesibilidad, la organización obtendrá el certificado AENOR – Marca N de Accesibilidad TIC, y la licencia de uso de la marca N de Accesibilidad TIC. Esta marca, símbolo de liderazgo, identificará los sitios Web certificados, para demostrar el compromiso con la accesibilidad de la organización.

Las actividades semestrales que se realizan como seguimiento de la certificación, mediante la evaluación de un muestreo de las páginas del sitio Web y la auditoria anual del Sistema de Gestión de la Accesibilidad, aseguran el cumplimiento constante de los requisitos.

3.5. SIDAR.

El Seminario SIDAR es un grupo de trabajo permanente y voluntario, integrado por personas expertas en nuevas tecnologías y en su accesibilidad. Son miembros del Seminario representantes de las principales instituciones y asociaciones relacionadas con la discapacidad, de empresas del sector de las nuevas tecnologías, del sector público y, en general, personas interesadas en conseguir que la Sociedad de la Información sea accesible para todos.

Con las actividades que se planifican cada año se procura llegar, como público potencial, a la sociedad en general con presencia en Internet y, como público objetivo, a los responsables de comunicación e informáticos, que cumplen la labor de "webmaster", tanto de las empresas, administración pública e instituciones que ofrecen servicios a través de Internet, como de las asociaciones de personas mayores y con discapacidad o de personas con necesidades especiales.

El Seminario Iberoamericano sobre Discapacidad y Accesibilidad en la Red (SID@R) tiene como meta los siguientes objetivos:

- Estimular el diseño accesible (Diseño para Todos) en la Web y la presencia de la discapacidad en Internet.
- Estimular el intercambio de información e investigación, en habla hispana, sobre la evolución de las directrices, herramientas y normas de accesibilidad en Internet.
- Contribuir a la calidad de los contenidos de la Red, tanto en el orden técnico como en el ético y en el de estilo; y promover el acceso a la red por parte de las personas con necesidades especiales.

La Fundación Sidar pone a disposición de la comunidad de desarrolladores, diseñadores y público en general, de forma gratuita, la herramienta Hera para facilitar la revisión de la accesibilidad de las páginas y sitios Web. HERA ha sido diseñada y desarrollada por Carlos Benavídez, con la colaboración de Emmanuelle Gutiérrez y Restrepo y Charles McCathie Nevile, especialmente para la Fundación Sidar.

4. Legislación sobre Accesibilidad Web.

La legislación referente a la Accesibilidad Web que podemos agrupar en función de su origen en internacional proveniente principalmente de la ONU, la legislación de la UE y la legislación española.

4.1. Legislación y Normas Internacionales.

Se recoge aquí información sobre normas y legislación aplicable internacionalmente sobre la accesibilidad en la Sociedad de la Información.

Convención de Derechos de las Personas con Discapacidad.

- La Convención de Derechos de las Personas con Discapacidad fue aprobada en la Asamblea General de la ONU el 13 de diciembre de 2006 y su ratificación por parte de los Estados miembro podrá comenzar el 30 de marzo de 2007.

- Normas Uniformes sobre la igualdad de oportunidades para las personas con discapacidad.

- Las Normas Uniformes sobre la igualdad de oportunidades para las personas con discapacidad. Resolución Aprobada por la Asamblea General de la ONU, Cuadragésimo octavo periodo de sesiones, de 20 de diciembre de 1993.

4.2. Legislación y Normas Europeas sobre Accesibilidad

- Resolución del Consejo sobre "Accesibilidad electrónica" - Mejorar el acceso de las personas con discapacidad a la sociedad del conocimiento: Resolución del 14 de enero de 2003. Se trata de un acto legislativo por el que se insta a los Estados Miembro a llevar a cabo una serie de medidas para fomentar la accesibilidad electrónica.

- Directiva 2004/18/CE del Parlamento Europeo y del Consejo, de 31 de marzo de 2004, sobre coordinación de los procedimientos de adjudicación de los contratos públicos de obras, de suministro y de servicios, publicada en las páginas de EuroLex. (Versión html de la Directiva 2004/18/CE).

- En 2006, la Declaración Ministerial de Riga sobre una sociedad de la información incluyente vuelve a incorporar el compromiso de que la totalidad de los sitios web públicos sean accesibles y fija el año 2010 como límite para lograrlo. Para asegurar la accesibilidad se establece que se tienen que cumplir los estándares y las pautas del W3C.

4.3. Legislación y Normas Españolas sobre Accesibilidad.

- Norma UNE 139802:1998 EX: informática para la salud: aplicaciones informáticas para personas con discapacidad: requisitos de accesibilidad de las plataformas informáticas: soporte lógico.

- LEY 34/2002, de 11 de julio, de servicios de la sociedad de la información y de comercio electrónico.

- ORDEN PRE/1551/2003, de 10 de junio, por la que se desarrolla la Disposición final primera del Real Decreto 209/2003, de 21 de febrero, por el que se regulan los registros y las notificaciones telemáticas, así como la utilización de medios telemáticos para la sustitución de la aportación de certificados por los ciudadanos.

- LEY 51/2003, de 2 de diciembre, de igualdad de oportunidades, no discriminación y accesibilidad universal de las personas con discapacidad.

- Norma UNE 139803:2004: Aplicaciones informáticas para personas con discapacidad. Requisitos de accesibilidad para contenidos en la Web.

- REAL DECRETO 1414/2006 begin_of_the_skype_highlighting   1414/2006 end_of_the_skype_highlighting, de 1 de diciembre, por el que se determina la consideración de persona con discapacidad a los efectos de la Ley 51/2003, de 2 de diciembre, de Igualdad de oportunidades, no discriminación y accesibilidad universal de las personas con discapacidad.

- REAL DECRETO 366/2007, de 16 de marzo, por el que se establecen las condiciones de accesibilidad y no discriminación de las personas con discapacidad en sus relaciones con la Administración General del Estado.

- LEY 11/2007, de 22 de junio, de acceso electrónico de los ciudadanos a los Servicios Públicos.

- REAL DECRETO 1494/2007 begin_of_the_skype_highlighting   1494/2007 end_of_the_skype_highlighting, de 12 de noviembre, por el que se aprueba el Reglamento sobre las condiciones básicas para el acceso de las personas con discapacidad a las tecnologías, productos y servicios relacionados con la sociedad de la información y medios de comunicación social.

- LEY 27/2007, de 23 de octubre, por la que se reconocen las lenguas de signos españolas y se regulan los medios de apoyo a la comunicación oral de las personas sordas, con discapacidad auditiva y sordociegas.

- LEY 49/2007, de 26 de diciembre, por la que se establece el régimen de infracciones y sanciones en materia de igualdad de oportunidades, no discriminación y accesibilidad universal de las personas con discapacidad.

- LEY 56/2007, de 28 de diciembre, de Medidas de Impulso de la Sociedad de la Información.
- LEY 7/2010, de 31 de marzo, General de la Comunicación Audiovisual.

4.4. La Sección 508

Resumidamente la Sección 508 es la que determina las normas para la creación de páginas y aplicaciones Web que son aplicables a todas las agencias federales de Estados Unidos y su objetivo se puede explicar muy bien con el siguiente párrafo copiado de la misma norma:

"La Sección 508 exige que cuando las agencias Federales desarrollen, adquieran, mantengan, o usen tecnología electrónica y para la información; deben asegurarse de que las tecnologías electrónicas y para la información permiten a los empleados federales con discapacidad tener acceso a y usar la información y datos de manera similar al acceso y uso a la información y datos que tienen los empleados federales que no son personas con discapacidad, a menos que constituya una carga excesiva impuesta a la agencia. La Sección 508 también exige que los individuos con discapacidad, que forman parte del público que busca información o servicios por parte de una agencia Federal, tengan acceso a y el uso de la información y datos de manera comparable a la que se proporciona al público que no son personas con discapacidad, a menos que ello signifique una carga excesiva impuesta a la agencia."

Los puntos a estudiar en la Sección 508 son muy parecidos a los de las WCAG 1.0 (prácticamente los mismos), lo cual es lógico, ya que al final todos hablamos de lo mismo pero de diferentes formas

Para terminar, recordar que la Sección 508 entró en vigor el 21 de junio de 2001.

5. Componentes de la Accesibilidad Web

5.1. Componentes esenciales de Accesibilidad Web.

Es esencial que los diferentes componentes de desarrollo Web e interacción trabajen conjuntamente para que la Web sea accesible para aquellas personas con discapacidad.

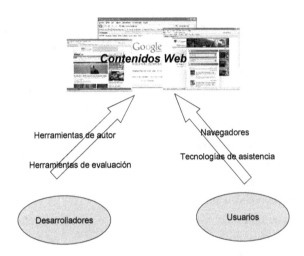

Estos componentes incluyen:

- **Contenido** - información presente en una página Web o en una aplicación Web, se puede incluir:
  - o información como por ejemplo texto, imágenes y sonidos
  - o código o etiquetado que define estructura, presentación, etc.
- **Navegadores Web**, reproductores multimedia y otros software cliente
- **Tecnología de asistencia** como pueden ser: lectores de pantalla, teclados alternativos, intercambiadores, software de escaneo, etc.
- **Conocimiento de los usuarios**, experiencias y, en ocasiones, estrategias de adaptación para la utilización de la Web
- **Desarrolladores** - diseñadores, codificadores, autores, etc., incluyendo desarrolladores que tienen alguna discapacidad y usuarios que proporcionan contenido
- **Herramientas de autor** - software para crea sitios Web

- **Herramientas de evaluación** - herramientas para evaluar la accesibilidad Web, validadores de HTML, validadores de CSS, etc.

Los desarrolladores Web normalmente utilizan herramientas de autor y herramientas de evaluación para crear contenido Web.

Las personas ("usuarios") utilizan navegadores Web, reproductores multimedia, tecnologías de asistencia u otros "agentes de usuarios" para obtener e interactuar con el contenido.

Entre los componentes existen interdependencias de gran importancia, lo que significa que los componentes deben funcionar de forma conjunta para que la Web sea accesible. Por ejemplo, el texto alternativo en las imágenes:

- Las especificaciones técnicas contemplan la utilización del texto alternativo (por ejemplo, HTML define el atributo de texto alternativo (alt) del elemento imagen (img))
- Las pautas de WAI - WCAG, ATAG y UAAG, descritas más abajo - definen cómo utilizar texto alternativo en relación a la accesibilidad en los diferentes componentes
- Los desarrolladores proporcionan palabras con un significado adecuado para el texto alternativo
- Las herramientas de autor permiten, facilitan y promueven la aportación de texto alternativo en una página Web
- Las herramientas de evaluación son utilizadas para ayudar a comprobar la existencia de texto alternativo
- Los agentes de usuario proporcionan interfaz humana y automática al texto alternativo
- Las tecnologías de asistencia proporcionan interfaz humana al texto alternativo en varias modalidades
- Los usuarios saben cómo obtener el texto alternativo desde su agente de usuario y/o tecnología de asistencia en función de sus necesidades

Al proceso que corresponde al estudio y desarrollo de un proyecto para la publicación de contenidos en la red se le denomina Ciclo de Implementación. En función del desarrollo tenemos que tener en cuenta que:

- Cuando en un componente se implementan características accesibles de forma adecuada, es más probable que otros componentes las apliquen también.
- Hay más probabilidad de que los usuarios demanden accesibilidad cuando los navegadores Web, reproductores multimedia, tecnologías de asistencia y otros agentes de usuario soporten características de accesibilidad, con lo que se hace más probable que los desarrolladores introduzcan características accesibles en sus contenidos.

- Hay más probabilidad de que los desarrolladores demanden que las herramientas de autor faciliten la implementación de características de accesibilidad cuando éstos desean incorporar características accesibles al contenido que producen.

- A su vez, cuando las herramientas de autor facilitan la implementación de esas características, se hace más probable que los desarrolladores las incorporen al contenido que desarrollan.

- Hay también más probabilidad de que los desarrolladores y usuarios pidan que los agentes de usuario soporten características de accesibilidad, cuando éstas son implementadas en la mayoría de los contenidos.

A continuación vamos a estudiar los componentes de la accesibilidad para determinar cuando un componente es débil. Una experiencia de usuario accesible es importante para que haya motivación a la hora de incorporar características accesibles a los componentes. Por ejemplo, no es probable que los desarrolladores implementen una característica de accesibilidad si las herramientas de autor no la soportan, y si la mayoría de los navegadores o tecnologías de asistencia no proporcionan una implementación estable.

A veces, si un componente tiene poca compatibilidad con una característica accesible, otros componentes, para compensar ese problema, pueden utilizar "caminos alternativos" que en definitiva requieren un esfuerzo mayor y que en general, no son apropiados en términos de accesibilidad. Por ejemplo,

- los desarrolladores pueden compensar esa falta de compatibilidad con la accesibilidad que tienen algunas herramientas de autor; una manera sería, escribiendo directamente el código en lugar de hacerlo a través de una herramienta

- los usuarios pueden compensar la falta de compatibilidad de navegadores, reproductores multimedia y tecnologías de asistencia, y la falta de accesibilidad de contenido; por ejemplo, utilizando diferentes navegadores o tecnologías de asistencia para controlar diferentes problemas de accesibilidad

No obstante, en la mayoría de los casos los caminos alternativos no se aplican y el resultado sigue siendo una accesibilidad deficiente. Algunas veces, la falta de compatibilidad de un componente no puede ser controlada por otros componentes y lo que se obtiene es inaccesibilidad, lo que hace imposible, para algunas personas con discapacidad, el uso de un sitio o página Web en particular, o de una característica en concreto.

La Iniciativa de Accesibilidad Web (WAI) del Consorcio World Wide Web (W3C) desarrolla pautas de accesibilidad Web para diferentes componentes:

- Pautas de Accesibilidad al Contenido en la Web (WCAG) donde se tratan temas de contenido Web. Son utilizadas por desarrolladores, herramientas de autor y herramientas de evaluación de accesibilidad

- Pautas de Accesibilidad para Herramientas de Autor (ATAG) que tratan las herramientas de autor

- Pautas de Accesibilidad para Herramientas de Usuario (UAAG) donde se habla de los navegadores Web y reproductores multimedia, incluyendo algunos aspectos de tecnologías de asistencia

Las pautas WAI están basadas en las especificaciones técnicas fundamentales de la Web, y están desarrolladas en coordinación con las Especificaciones técnicas del W3C (HTML, XML, CSS, SVG, SMIL, etc.).

5.2. Pautas de Accesibilidad al Contenido en la Web (WCAG)

Las Pautas de Accesibilidad al Contenido en la Web (WCAG) explican cómo hacer que el contenido Web sea accesible para personas con discapacidad. El término "contenido" Web normalmente hace referencia a la información contenida en una página Web o en una aplicación Web, incluyendo texto, imágenes, formularios, sonido, etc. Las WCAG están pensadas principalmente para desarrolladores de contenido Web, desarrolladores de herramientas de autor para la Web y desarrolladores de herramientas de evaluación de accesibilidad Web.

Hay dos versiones de las WCAG: 1.0 y 2.0:

Las WCAG 1.0 consisten en 14 pautas que proporcionan soluciones de diseño y que utilizan como ejemplo situaciones comunes en las que el diseño de una página puede producir problemas de acceso a la información. Las Pautas contienen además una serie de puntos de verificación que ayudan a detectar posibles errores.

Las WCAG 2.0 se compone de 4 principios, 12 directrices y 60 criterios de cumplimiento, más un número no determinado de técnicas suficientes y técnicas de asesoramiento.

Cada punto de verificación de la WCAG 1.0 y los criterios de cumplimiento de las WCAG 2.0 están asignados a uno de los tres niveles de prioridad establecidos por las pautas.

- Prioridad 1: son aquellos puntos que un desarrollador Web tiene que cumplir ya que, de otra manera, ciertos grupos de usuarios no podrían acceder a la información del sitio Web.

- Prioridad 2: son aquellos puntos que un desarrollador Web debería cumplir ya que, si no fuese así, sería muy difícil acceder a la información para ciertos grupos de usuarios.

- Prioridad 3: son aquellos puntos que un desarrollador Web debería cumplir ya que, de otra forma, algunos usuarios experimentarían ciertas dificultades para acceder a la información.

En función a estos puntos de verificación se establecen los niveles de conformidad:

- Nivel de Conformidad "A": todos los puntos de verificación de prioridad 1 se satisfacen.
- Nivel de Conformidad "Doble A": todos los puntos de verificación de prioridad 1 y 2 se satisfacen.
- Nivel de Conformidad "Triple A": todos los puntos de verificación de prioridad 1,2 y 3 se satisfacen.

Las pautas describen cómo hacer páginas Web accesibles sin sacrificar el diseño, ofreciendo esa flexibilidad que es necesaria para que la información sea accesible bajo diferentes situaciones y proporcionando métodos que permiten su transformación en páginas útiles e inteligibles.

Igualmente, se han desarrollado Pautas de Accesibilidad para Herramientas de Autor, cuyo objetivo es ayudar a los desarrolladores de software a la hora de crear herramientas de autor para producir contenido Web accesible. También se han desarrollado Pautas de Accesibilidad para XML, donde se explica cómo asegurar la accesibilidad de aplicaciones basadas en XML. Y por último, Pautas de Accesibilidad para Agentes de Usuario 1.0, donde se explica cómo hacer accesible los navegadores, reproductores multimedia y otras tecnologías de asistencia.

Por otro lado, se han desarrollado otro tipo de documentos como las Técnicas para Pautas de Accesibilidad al Contenido en la Web, que ofrecen una serie de ejemplos de etiquetado y explicaciones muy detalladas de cómo implementar las Pautas de Accesibilidad al contenido en la Web. Entre ellas se pueden destacar Técnicas esenciales para Pautas de Accesibilidad al Contenido en la Web 1.0, las Técnicas HTML para Pautas de Accesibilidad al Contenido a la Web 1.0 y las Técnicas CSS para Pautas de Accesibilidad al Contenido en la Web 1.0.

5.2.1. Pautas de Accesibilidad al Contenido en la Web (WCAG 1.0).

Las Pautas de Accesibilidad al Contenido en la Web (WCAG) explican cómo hacer que el contenido Web sea accesible para personas con discapacidad. El término "contenido" Web normalmente hace referencia a la información contenida en una página Web o en una aplicación Web, incluyendo texto, imágenes, formularios, sonido, etc.

Las WCAG están pensadas principalmente para:

- Desarrolladores de contenido Web (desarrolladores de páginas Web, diseñadores de sitios Web, etc.)
- Desarrolladores de herramientas de autor para la Web
- Desarrolladores de herramientas de evaluación de accesibilidad Web

Las WCAG tienen como objetivo satisfacer las necesidades de diferentes usuarios, incluyendo creadores de políticas, directivos y otros.

Las WCAG 1.0 tienen 14 pautas que constituyen los principios generales del diseño accesible. Cada pauta tiene uno o más puntos de verificación que explican cómo se aplica la pauta en determinadas áreas. Cada punto de verificación tiene asignada una prioridad.

WCAG 1.0 Pautas de Accesibilidad al Contenido en la Web.

Pauta 1 - "Proporcione alternativas equivalentes para el contenido visual y auditivo".

Puntos de verificación:

1.1.- Proporcione un texto equivalente para todo elemento no textual (Por ejemplo, a través de "alt", "longdesc" o en el contenido del elemento). Esto incluye: imágenes, representaciones gráficas del texto, mapas de imagen, animaciones (Por ejemplo, GIFs animados), "applets" y objetos programados, "ascii art", marcos, scripts, imágenes usadas como viñetas en las listas, espaciadores, botones gráficos, sonidos (ejecutados con o sin interacción del usuario), archivos exclusivamente auditivos, banda sonora del vídeo y vídeos. **[Prioridad 1]**

1.2.- Proporcione vínculos redundantes en formato texto para cada zona activa de un mapa de imagen del servidor. **[Prioridad 1]**

1.3.- Hasta que las aplicaciones de usuario puedan leer automáticamente el texto equivalente de la banda visual, proporcione una descripción auditiva de la información importante de la pista visual de una presentación multimedia **[Prioridad 1]**.

1.4.- Para toda presentación multimedia tempo dependiente (Por ejemplo, una película o animación) sincronice alternativas equivalentes (Por ejemplo, subtítulos o descripciones de la banda visual) con la presentación. **[Prioridad 1]**.

1.5.- Hasta que las aplicaciones de usuario interpreten el texto equivalente para los vínculos de los mapas de imagen de cliente, proporcione vínculos de texto redundantes para cada zona activa del mapa de imagen de cliente. **[Prioridad 3]**.

Pauta 2: "No se base sólo en el color."

Puntos de verificación:

2.1.- Asegurarse de que toda la información transmitida a través de los colores también esté disponible sin color, por ejemplo mediante el contexto o por marcadores **[Prioridad 1]**.

2.2.- Asegurarse de que las combinaciones de los colores de fondo y primer plano tengan suficiente contraste para que sean percibidas por personas con deficiencias de percepción de color o en pantallas en blanco y negro **[Prioridad 2 para las imágenes. Prioridad 3 para texto]**.

Pauta 3. "Utilice marcadores y hojas de estilo y hágalo apropiadamente."

Puntos de verificación:

3.1.- Cuando exista un marcador apropiado, use marcadores en vez de imágenes para transmitir la información. **[Prioridad 2]**

3.2.- Cree documentos que estén validados por las gramáticas formales publicadas **[Prioridad 2]**

3.3.- Utilice hojas de estilo para controlar la maquetación y la presentación. **[Prioridad 2]**

3.4.- Utilice unidades relativas en lugar de absolutas al especificar los valores en los atributos de los marcadores de lenguaje y en los valores de las propiedades de las hojas de estilo. **[Prioridad 2]**

3.5.- Utilice elementos de encabezado para transmitir la estructura lógica y utilícelos de acuerdo con la especificación. **[Prioridad 2]**

3.6.- Marque correctamente las listas y los ítems de las listas. **[Prioridad 2]**

3.7.- Marque las citas. No utilice el marcador de citas para efectos de formato tales como sangrías. **[Prioridad 2]**

Pauta 4. "Identifique el idioma usado."

Puntos de verificación:

4.1.- Identifique claramente los cambios en el idioma del texto del documento y en cualquier texto equivalente (Por ejemplo, leyendas). **[Prioridad 1]**

4.2.- Especifique la expansión de cada abreviatura o acrónimo cuando aparezcan por primera vez en el documento. **[Prioridad 3]**

4.3.- Identifique el idioma principal de un documento. **[Prioridad 3]**

Pauta 5. "Cree tablas que se transformen correctamente."

Puntos de verificación:

5.1.- En las tablas de datos, identifique los encabezamientos de fila y columna. **[Prioridad 1]**

5.2.- Para las tablas de datos que tienen dos o más niveles lógicos de encabezamientos de fila o columna, utilice marcadores para asociar las celdas de encabezamiento y las celdas de datos. **[Prioridad 1]**

5.3.- No utilice tablas para maquetar, a menos que la tabla tenga sentido cuando se alinee. Por otro lado, si la tabla no tiene sentido, proporcione una alternativa equivalente (la cual debe ser una versión alineada). **[Prioridad 2]**

5.4.- Si se utiliza una tabla para maquetar, no utilice marcadores estructurales para realizar un efecto visual de formato. **[Prioridad 2]**

5.5.- Proporcione resúmenes de las tablas. **[Prioridad 3]**

5.6.- Proporcione abreviaturas para las etiquetas de encabezamiento. **[Prioridad 3]**

Pauta 6. "Asegurarse de que las páginas que incorporan nuevas tecnologías se transformen correctamente."

Puntos de verificación:

6.1.- Organice el documento de forma que pueda ser leído sin hoja de estilo. Por ejemplo, cuando un documento HTML es interpretado sin asociarlo a una hoja de estilo, tiene que ser posible leerlo. **[Prioridad 1]**

6.2.- Asegurarse de que los equivalentes de un contenido dinámico son actualizados cuando cambia el contenido dinámico. **[Prioridad 1]**

6.3.- Asegurarse de que las páginas sigan siendo utilizables cuando se desconecten o no se soporten los scripts, applets u otros objetos programados. Si esto no es posible, proporcione información equivalente en una página alternativa accesible. **[Prioridad 1]**

6.4.- Para los scripts y applets, Asegurarse de que los manejadores de evento sean independientes del dispositivo de entrada. **[Prioridad 2]**

6.5.- Asegurarse de que los contenidos dinámicos son accesibles o proporcione una página o presentación alternativa. **[Prioridad 2]**

Pauta 7. " Asegure al usuario el control sobre los cambios de los contenidos.

Puntos de verificación:

7.1.- Hasta que las aplicaciones de usuario permitan controlarlo, evite provocar destellos en la pantalla. **[Prioridad 1]**

7.2.- Hasta que las aplicaciones de usuario permitan controlarlo, evite el parpadeo del contenido (por ejemplo, cambio de presentación en periodos regulares, así como el encendido y apagado). **[Prioridad 2]**

7.3.- Hasta que las aplicaciones de usuario permitan congelar el movimiento de los contenidos, evite los movimientos en las páginas. **[Prioridad 2]**

7.4.- Hasta que las aplicaciones de usuario proporcionen la posibilidad de detener las actualizaciones, no cree páginas que se actualicen automáticamente de forma periódica. **[Prioridad 2]**

7.5.- Hasta que las aplicaciones de usuario proporcionen la posibilidad de detener el redireccionamiento automático, no utilice marcadores para redirigir las páginas automáticamente. En su lugar, configure el servidor para que ejecute esta posibilidad. **[Prioridad 2]**

Pauta 8. "Asegure la accesibilidad directa de las interfaces de usuario incrustadas."

Punto de verificación:

8.1.- Haga los elementos de programación, tales como scripts y applets, directamente accesibles o compatibles con las ayudas técnicas **[Prioridad 1** si la funcionalidad es importante y no se presenta en otro lugar; de otra manera, **Prioridad 2.]**

Pauta 9. "Diseñe para la independencia del dispositivo."

Puntos de verificación:

9.1.- Proporcione mapas de imagen controlados por el cliente en lugar de por el servidor, excepto donde las zonas sensibles no puedan ser definidas con una forma geométrica. **[Prioridad 1]**

9.2.- Asegurarse de que cualquier elemento que tiene su propia interfaz pueda manejarse de forma independiente del dispositivo. **[Prioridad 2]**

9.3.- Para los "scripts", especifique manejadores de evento lógicos en vez de manejadores de evento dependientes de dispositivos. **[Prioridad 2]**

9.4.- Cree un orden lógico para navegar con el tabulador a través de vínculos, controles de formulario y objetos. **[Prioridad 3]**

9.5.- Proporcione atajos de teclado para los vínculos más importantes (incluidos los de los mapas de imagen de cliente), los controles de formulario y los grupos de controles de formulario. **[Prioridad 3]**

Pauta 10. " Utilice soluciones provisionales."

Puntos de verificación:

10.1.- Hasta que las aplicaciones de usuario permitan desconectar la apertura de nuevas ventanas, no provoque apariciones repentinas de nuevas ventanas y no cambie la ventana actual sin informar al usuario. **[Prioridad 2]**

10.2.- Hasta que las aplicaciones de usuario soporten explícitamente la asociación entre control de formulario y etiqueta, para todos los controles de formularios con etiquetas asociadas implícitamente, Asegurarse de que la etiqueta está colocada adecuadamente. **[Prioridad 2]**

10.3.- Hasta que las aplicaciones de usuario (incluidas las ayudas técnicas) interpreten correctamente los textos contiguos, proporcione un texto lineal alternativo (en la página actual o en alguna otra) para todas las tablas que maquetan texto en paralelo, columnas envoltorio de palabras. **[Prioridad 3]**

10.4.- Hasta que las aplicaciones de usuario manejen correctamente los controles vacíos, incluya caracteres por defecto en los cuadros de edición y áreas de texto. **[Prioridad 3]**

10.5.- Hasta que las aplicaciones de usuario (incluidas las ayudas técnicas) interpreten claramente los vínculos contiguos, incluya caracteres imprimibles (rodeados de espacios), que no sirvan como vínculo, entre los vínculos contiguos. **[Prioridad 3]**

Pauta 11. " Utilice las tecnologías y pautas W3C."

Puntos de verificación:

11.1.- Utilice tecnologías W3C cuando estén disponibles y sean apropiadas para la tarea y use las últimas versiones que sean soportadas. **[Prioridad 2]**

11.2.- Evite características desaconsejadas por las tecnologías W3C. **[Prioridad 2]**

11.3.- Proporcione la información de modo que los usuarios puedan recibir los documentos según sus preferencias (Por ejemplo, idioma, tipo de contenido, etc.) **[Prioridad 3]**

11.4.- Si, después de los mayores esfuerzos, no puede crear una página accesible, proporcione un vínculo a una página alternativa que use tecnologías W3C, sea accesible, tenga información (o funcionalidad) equivalente y sea actualizada tan a menudo como la página (original) inaccesible. **[Prioridad 1]**

Pauta 12. "Proporcione información de contexto y orientación."

Puntos de verificación:

12.1.- Titule cada marco para facilitar su identificación y navegación. **[Prioridad 1]**

Por ejemplo, en HTML, utilice el atributo "title" en los elementos FRAME.

12.2.- Describa el propósito de los marcos y como éstos se relacionan entre sí, si no resulta obvio solamente con el título del marco. **[Prioridad 2]**

Por ejemplo, en HTML, utilice "longdesc" o un vínculo a una descripción.

12.3.- Divida los bloques largos de información en grupos más manejables cuando sea natural y apropiado. **[Prioridad 2]**

Por ejemplo, en HTML, utilice OPTGROUP para agrupar los elementos OPTION dentro de un SELECT; agrupe controles de formulario con FIELDSET y LEGEND; utilice listados anidados cuando sea apropiado; utilice encabezamientos para estructurar documentos, etc.

12.4.- Asocie explícitamente las etiquetas con sus controles. **[Prioridad 2]**

Por ejemplo, en HTML, utilice LABEL y su atributo "for".

Pauta 13. "Proporcione mecanismos claros de navegación."

Puntos de verificación:

13.1.- Identifique claramente el objetivo de cada vínculo. **[Prioridad 2]**

13.2.- Proporcione metadatos para añadir información semántica a las páginas y sitios. **[Prioridad 2]**

13.3.- Proporcione información sobre la maquetación general de un sitio (por ejemplo, mapa del sitio o tabla de contenidos). **[Prioridad 2]**

13.4.- Utilice los mecanismos de navegación de forma coherente. **[Prioridad 2]**

13.5.- Proporcione barras de navegación para destacar y dar acceso al mecanismo de navegación. **[Prioridad 3]**

13.6.- Agrupe los vínculos relacionados, identifique el grupo (para las aplicaciones de usuario) y, hasta que las aplicaciones de usuario lo hagan, proporcione una manera de evitar el grupo. **[Prioridad 3]**

13.7.- Si proporciona funciones de búsqueda, permita diferentes tipos de búsquedas para diversos niveles de habilidad y preferencias. **[Prioridad 3]**

13.8.- Localice al principio de los encabezamientos, párrafos, listas, etc, la información que los diferencie. **[Prioridad 3]**

13.9.- Proporcione información sobre las colecciones de documentos (por ejemplo, los documentos que comprendan múltiples páginas). **[Prioridad 3]**

13.10.- Proporcione una manera de saltar sobre un ASCII art de varias líneas. **[Prioridad 3]**

Pauta 14. "Asegurarse de que los documentos sean claros y simples."

Puntos de verificación:

14.1.- Utilice el lenguaje apropiado más claro y simple para el contenido de un sitio. **[Prioridad 1]**

14.2.- Complemente el texto con presentaciones gráficas o auditivas cuando ello facilite la comprensión de la página. **[Prioridad 3]**

14.3.- Cree un estilo de presentación que sea coherente para todas las páginas. **[Prioridad 3]**

5.2.2. Pautas de Accesibilidad al Contenido en la Web (WCAG 2.0).

Los criterios de éxito de las Pautas 2.0 se han redactado como enunciados comprobables que no son específicos de ninguna tecnología. En la Se proporcionan guías sobre cómo satisfacer los criterios de éxito para tecnologías concretas, así como información general sobre cómo interpretar los criterios de éxito, en documentos aparte. Se publicaron en diciembre de 2008.

Las Pautas de Accesibilidad de Contenido Web 2.0 cubren un amplio espectro de recomendaciones para hacer el contenido Web más accesible. Seguir estas pautas hará el contenido accesible para el mayor rango de personas con discapacidades, las que incluyen ceguera o visión deficiente, sordera y pérdida de audición, deficiencias de aprendizaje, limitaciones cognitivas, movilidad reducida, deficiencias del lenguaje, fotosensitividad y las combinaciones de todas estas. Seguir estas pautas además puede hacer que el contenido Web sea más usable para los usuarios en general.

Las nuevas Pautas WCAG 2.0 presentan una estructura con ciertas similitudes, aunque también con notables diferencias:

En primer lugar, las Pautas se organizan en cuatro Principios básicos (Perceptible, Operable, Comprensible y Robusto), que constituyen la base filosófica de las Pautas.

Dentro de cada Principio básico se encuentran las Pautas en sí, también de carácter general, aunque referidas a aspectos específicos de cada Principio básico.

Por último, cada Pauta se desarrolla en una serie de Criterios de Éxito, que de forma similar a los puntos de verificación en WCAG 1.0, establecen una serie de criterios de accesibilidad que deben cumplir los contenidos Web, y que pueden ser verificados para comprobar el cumplimiento de las Pautas. Los criterios de éxito están clasificados por niveles de conformidad (A, AA, AAA); un mismo criterio puede ocurrir con ligeras diferencias en distintos niveles. Son independientes de la tecnología usada para crear el contenido. Los criterios se han redactado para ser verificados sin ambigüedad, por una herramienta automática o por una persona. Cada criterio de éxito incluye un enlace al apartado correspondiente en los demás documentos de soporte.

Además, cada criterio de éxito puede enlazar con diversas Técnicas, que pueden ser de dos tipos:

1. Técnicas de suficiencia: si se sigue esta técnica se cumple con el criterio para el elemento de que se trate.

2. Técnicas complementarias: son técnicas que ayudan a mejorar la accesibilidad, pero que no garantizan el completo cumplimiento de los criterios.

Las Técnicas no se consideran normativas ni obligatorias, sino que sólo recogen recomendaciones de soluciones conocidas adaptadas a diversas tecnologías, pero que no tienen por qué ser las únicas posibles soluciones. Además, se incluyen también referencias a condiciones de fallo, que consisten en técnicas erróneas y malas prácticas que se sabe que provocan incumplimientos de los criterios.

WCAG 2.0 Pautas de Accesibilidad al Contenido en la Web.

A continuación se recoge un breve resumen con la descripción que se hace en la

Recomendación de los Principios Básicos y de las Pautas incluidas en cada Principio, sin entrar a profundizar en los criterios de éxito específicos de cada Pauta.

Principio 1: Perceptible

"La información y los elementos de la interfaz de usuario deben presentarse a los usuarios de formas en las que los usuarios puedan percibirlos."

Dentro de este principio se recogen 4 Pautas:

- **Pauta 1.1: Alternativas textuales**. Proporcione alternativas textuales para cualquier contenido no textual, de modo que pueda ser alterado formas acordes a las necesidades de las personas, como texto de gran formato, braille, síntesis de voz o un lenguaje más simple.

    1.1.1 Contenido no textual: **[Nivel A]**

- **Pauta 1.2: Alternativa para multimedia tempo-dependientes.** Proporcione alternativas para el contenido basado multimedia en el tiempo.

    1.2.1 Sólo audio y sólo vídeo (pregrabado): **[Nivel A]**

    1.2.2 Subtítulos (pregrabados): **[Nivel A]**

    1.2.3 Audiodescripción o alternativa textual completa: **[Nivel A]**

    1.2.4 Subtítulos (directo): **[Nivel AA]**

    1.2.5 Audiodescripción (pregrabada): **[Nivel AA]**

    1.2.6 Lengua de signos (pregrabada): **[Nivel AAA]**

    1.2.7 Audiodescripción extendida (pregrabada): **[Nivel AAA]**

    1.2.8 Alternativa multimedia (pregrabada): **[Nivel AAA]**

    1.2.9 Sólo audio (directo): **[Nivel AAA]**

- **Pauta 1.3: Adaptable.** Cree contenido que pueda ser presentado de diferentes formas (por ejemplo, un esquema de presentación más simple) sin perder información o estructura.

    1.3.1 Información y relaciones: **[Nivel A]**

    1.3.2 Secuencia significativa: **[Nivel A]**

    1.3.3 Características sensoriales: **[Nivel A]**

- **Pauta 1.4: Distinguible (vista y oído).** Facilite a los usuarios ver y escuchar el contenido, incluyendo la separación entre fondo y primer plano.

    1.4.1 Empleo del color: **[Nivel A]**

    1.4.2 Control de audio: **[Nivel A]**

    1.4.3 Contraste (mínimo): **[Nivel AA]**

    1.4.4 Variar el tamaño de texto: **[Nivel AA]**

    1.4.5 Imágenes de texto: **[Nivel AA]**

    1.4.6 Contraste (mejorado): **[Nivel AAA]**

    1.4.7 Fondo de audio bajo o inexistente: **[Nivel AAA]**

    1.4.8 Presentación visual: **[Nivel AAA]**

    1.4.9 Imágenes de texto (sin excepción): **[Nivel AAA]**

Principio 2: Operable

"Los componentes de la interfaz y la navegación deben ser operables".

Este Principio contiene 4 Pautas:

- **Pauta 2.1: Acceso mediante teclado.** Haga toda la funcionalidad disponible desde teclado.

    2.1.1 Teclado: **[Nivel A]**

    2.1.2 Sin trampa de teclado: **[Nivel A]**

    2.1.3 Teclado (sin excepción): **[Nivel AAA]**

- **Pauta 2.2: Suficiente tiempo.** Proporcione a los usuarios suficiente tiempo para leer y usar el contenido.

    2.2.1 Límite de tiempo ajustable: **[Nivel A]**

    2.2.2 Pausar, detener, ocultar: **[Nivel A]**

    2.2.3 Sin tiempo: **[Nivel AAA]**

    2.2.4 Interrupciones: **[Nivel AAA]**

    2.2.5 Reautentificación: **[Nivel AAA]**

- **Pauta 2.3: Destellos.** No diseñe el contenido en formas que se conoce que pueden provocar ataques epilépticos.

    2.3.1 Tres destellos o por debajo del umbral: **[Nivel A]**

    2.3.2 Tres destellos: **[Nivel AAA]**

- **Pauta 2.4: Navegable.** Proporcione formas de ayudar a los usuarios a navegar el contenido y determinar dónde están.

    2.4.1 Saltar bloques: **[Nivel A]**

    2.4.2 Página titulada: **[Nivel A]**

    2.4.3 Orden de foco: **[Nivel A]**

    2.4.4 Propósito de un vínculo (en su contexto): **[Nivel A]**

    2.4.5 Múltiples medios: **[Nivel AA]**

    2.4.6 Encabezados y etiquetas: **[Nivel AA]**

    2.4.7 Foco visible: **[Nivel AA]**

    2.4.8 Ubicación: **[Nivel AAA]**

    2.4.9 Propósito de un vínculo (vínculo solo): **[Nivel AAA]**

2.4.10 Encabezados de sección: **[Nivel AAA]**

Principio 3: Comprensible

"La información y el manejo de la interfaz de usuario debe ser comprensible".

Existen 3 Pautas bajo este Principio:

- **Pauta 3.1: Legible y entendible.** Haga el contenido textual legible y comprensible.

    3.1.1 Idioma de la página: **[Nivel A]**

    3.1.2 Idioma de partes: **[Nivel AA]**

    3.1.3 Palabras inusuales: **[Nivel AAA]**

    3.1.4 Abreviaturas: **[Nivel AAA]**

    3.1.5 Nivel de lectura: **[Nivel AAA]**

    3.1.6 Pronunciación: **[Nivel AAA]**

- **Pauta 3.2: Predecible.** Haga que las páginas Web aparezcan y se manejen de manera predecible.

    3.2.1 Con foco: **[Nivel A]**

    3.2.2 Con entrada de datos: **[Nivel A]**

    3.2.3 Navegación consistente: **[Nivel AA]**

    3.2.4 Identificación consistente: **[Nivel AA]**

    3.2.5 Cambio a petición: **[Nivel AAA]**

- **Pauta 3.3: Ayuda a la entrada de datos.** Ayude a los usuarios a evitar y corregir los errores.

    3.3.1 Identificación de errores: **[Nivel A]**

    3.3.2 Instrucciones o etiquetas: **[Nivel A]**

    3.3.3 Sugerencia tras error: **[Nivel AA]**

    3.3.4 Prevención de errores (legales, financieros, de datos): **[Nivel AA]**

    3.3.5 Ayuda: Se proporciona ayuda contextual. **[Nivel AAA]**

    3.3.6 Prevención de errores (todo error): **[Nivel AAA]**

Principio 4: Robusto

"El contenido debe ser suficientemente robusto para que pueda ser interpretado por una amplia variedad de agentes de usuario, incluyendo los productos de apoyo.

Este Principio solo contiene una Pauta:

- **Pauta 4.1: Compatible.** Maximice la compatibilidad con los agentes de usuario actuales y futuros, incluyendo los productos de apoyo.

> 4.1.1 Interpretación: **[Nivel A]**
>
> 4.1.2 Nombre, rol, valor: **[Nivel A]**

Requisitos de conformidad

Para que una página Web sea conforme con las Pautas 2.0, debe satisfacer todos y cada uno de los siguientes requisitos de conformidad:

1. **Nivel de conformidad:** Uno de los siguientes niveles de conformidad se satisface por completo:

- **Nivel A:** Para el nivel A de conformidad (el mínimo nivel de conformidad), la página Web satisface todos los criterios de éxito de nivel A, o se proporciona una versión alternativa conforme.

- **Nivel AA:** Para el nivel AA de conformidad, la página Web satisface todos los criterios de éxito de nivel A y AA, o se proporciona una versión alternativa conforme al nivel AA.

- **Nivel AAA:** Para el nivel AAA de conformidad, la página web satisface todos los criterios de éxito de nivel A, AA y AAA, o se proporciona una versión alternativa conforme al nivel AAA.

Nota 1: A pesar de que la conformidad sólo puede lograrse en los niveles indicados, se anima a los autores a notificar en sus declaraciones cualquier progreso que se realice para satisfacer los criterios de éxito de todo nivel más allá del nivel de conformidad alcanzado.

Nota 2: No se recomienda como política general exigir el nivel de conformidad AAA para sitios enteros porque no es posible que algunos contenidos puedan satisfacer todos los criterios de éxito de nivel AAA.

5.2.3. Norma UNE 139803:2004

Las leyes aprobadas en 2007 obligan a que determinadas aplicaciones web (Administración Pública, entidades bancarias, aseguradoras, etc.) cumplan con los niveles de prioridad 1 y 2 de la Norma UNE 139803:2004. Sin embargo lo normal es trabajar con las WCAG y con herramientas que validan tomando como referencia las WCAG.

La norma UNE 139803:2004, "Aplicaciones informáticas para personas con discapacidad. Requisitos de accesibilidad para contenidos en la Web", se encuentra disponible en la dirección:

http://www.inteco.es/file/rWv1Oqb051U

En el anexo A de la Norma podemos ver todos los requisitos de la Norma ordenados por prioridad y su equivalencia respecto a los puntos de control de las WCAG 1.0.

Cuatro requisitos de la Norma han cambiado de prioridad respecto a las WCAG.

- El Requisito de la UNE 4.4.4 equivalente al punto de control 4.3 de las WCAG **("Identifique el idioma principal del documento").** Este punto de control era de prioridad 3 en WCAG y pasa a ser prioridad 1 en UNE

- Requisito de la UNE 4.5.1 equivalente al punto de control 13.1 de las WCAG **("Identifique claramente el objetivo de cada vínculo").** Este punto de control era de prioridad 2 en WCAG y pasa a ser prioridad 1 en UNE

- Requisito de la UNE 4.3.9 equivalente al punto de control 5.5 de las WCAG **("Proporcione resúmenes de las tablas").** Este punto de control era de prioridad 3 en WCAG y pasa a ser prioridad 2 en UNE

- Requisito de la UNE 4.5.9 equivalente al punto de control 9.4 de las WCAG **("Cree un orden lógico para navegar con el tabulador a través de vínculos, controles de formulario y objetos").** Este punto de control era de prioridad 3 en WCAG y pasa a ser prioridad 2 en UNE

Proceso de Validación de una página Web.

Debemos validar la accesibilidad con herramientas automáticas y revisión humana. Los métodos automáticos son generalmente rápidos y oportunos, pero pueden no identificar todos los problemas de accesibilidad. La revisión humana puede ayudar a asegurar la claridad del lenguaje y facilidad de navegación.

Comenzaremos a utilizar métodos de validación desde los primeros estadios del desarrollo. Los problemas de accesibilidad identificados de forma temprana son más fáciles de corregir y evitar.

A continuación se exponen algunos importantes métodos de validación.

- Debemos utilizar una herramienta de accesibilidad automática y una herramienta de validación del navegador. Comprobaremos que el software de las herramientas trata todos los problemas de accesibilidad, como la significación del texto del vínculo, la aplicabilidad de un *equivalente textual*, etc.

- Validaremos la sintaxis (Por ejemplo, HTML, XML, etc.) y las hojas de estilo (Por ejemplo, CSS).
- Utilizaremos un navegador sólo-texto o un emulador.
- Utilizaremos varios navegadores gráficos con:
  - Sonidos y gráficos cargados.
  - Gráficos no cargados.
  - Sonidos no cargados.
  - Sin ratón.
  - Marcos, scripts, hojas de estilo y applets no cargados.
- Utilizaremos varios navegadores, antiguos y nuevos.
- Utilizaremos un navegador por voz, un lector de pantalla, un software de magnificación, un visualizador pequeño, etc.
- Utilizaremos verificadores de ortografía y gramática. Quien lea la página con un sintetizador de voz puede no ser capaz de descifrar lo que reproduce el sintetizador por un error ortográfico. Eliminando problemas gramaticales se incrementa la comprensión.
- Revisaremos el documento para obtener claridad y simplicidad. Las estadísticas de legibilidad, tales como las generadas por algunos procesadores de textos, pueden ser útiles indicadores de claridad y simplicidad. Mejor aún, pida a un experimentado editor (humano) que revise la claridad del texto escrito. Los editores pueden también incrementar la utilidad de un texto identificando potenciales problemas interculturales que pueden surgir a causa del lenguaje o los iconos usados.
- Debemos invitar a personas con discapacidad a revisar los documentos. Usuarios discapacitados expertos y noveles nos proporcionarán una retroalimentación valiosa sobre la accesibilidad o los problemas de uso y su gravedad.

5.2.4. Pautas de Accesibilidad para Herramientas de Autor (ATAG)

Los documentos denominados Pautas de Accesibilidad para Herramientas de Autor (ATAG) muestran cómo hacer que las herramientas de autor sean accesibles para personas con discapacidad. Estas herramientas son software que se utiliza para crear páginas y contenido Web. Uno de los objetivos principales de las ATAG es definir la forma en la que las herramientas ayudan a los desarrolladores Web a producir contenido Web que cumpla las Pautas de Accesibilidad al Contenido en la Web.

Las ATAG forman parte de una serie de pautas de accesibilidad, en las que se incluyen las Pautas de Accesibilidad al Contenido en la Web (WCAG) y las Pautas de Accesibilidad para Agentes de Usuario (UAAG).

Las ATAG están pensadas principalmente para desarrolladores de herramientas de autor. Entre estas herramientas de autor se incluyen:

- Herramientas de edición específicamente diseñadas para producir contenido Web, por ejemplo, editores HTML y XML de what-you-see-is-what-you-get (WYSIWYG)

- Herramientas que ofrecen la opción de guardar contenido en formato Web, por ejemplo, procesadores de texto o paquetes de publicación.

- Herramientas que transforman documentos a un formato Web, por ejemplo, filtros que transforman formatos de publicación a HTML

- Herramientas que producen multimedia, especialmente cuando se quiere utilizar en la Web, por ejemplo, producción de vídeo y edición, paquetes de autor de SMIL

- Herramientas para la administración o publicación de sitios Web, incluidos gestores de contenido (CMS), herramientas que automáticamente generan sitios Web de forma dinámica desde una base de datos, herramientas de conversión instantánea y herramientas de publicación de sitios Web

- Herramientas de diseño, por ejemplo, herramientas de formato CSS

Las ATAG están pensados también para satisfacer las necesidades de diferentes usuarios, como pueden ser directivos, responsables y otros. Por ejemplo:

- Aquellos que quieran elegir herramientas de autor accesibles y que además producen contenido accesible, pueden utilizar las ATAG para evaluar las herramientas de autor.

- Aquellos que deseen animar a los desarrolladores de herramientas de autor existentes a que mejoren la accesibilidad en versiones futuras, pueden indicar las ATAG a los proveedores de herramientas de autor como referencia.

Las ATAG 1.0 contienen 28 puntos de verificación que proporcionan información sobre:

- Producción de contenido accesible (es decir, páginas Web) que cumpla los estándares y las pautas

- Solicitud de información al autor de contenido (es decir, al usuario de la herramienta de autor) sobre accesibilidad

- Formas de comprobar y corregir el contenido que no es accesible

- Integración de la accesibilidad en el estilo ("look and feel"), ayuda y documentación

- Formas de hacer la herramienta en sí misma accesible para personas con discapacidad

5.2.5. Pautas de Accesibilidad para Herramientas de Usuario (UAAG).

Las Pautas de Accesibilidad para Agentes de Usuario (UAAG) muestran cómo hacer que los agentes de usuario sean accesibles para personas con discapacidad, en especial cómo incrementar la accesibilidad al contenido Web. Entre los agentes de usuario se incluyen navegadores, reproductores multimedia y tecnologías de asistencia, software que algunas personas con discapacidad utilizan para interactuar con los dispositivos.

UAAG es parte de una serie de pautas de accesibilidad, en la que se incluyen las Pautas de Accesibilidad al Contenido en la Web (WCAG) y las Pautas de Accesibilidad para Herramientas de Autor (ATAG).

6. Proceso de Evaluación de la Accesibilidad Web.

El proceso de evaluación de la Accesibilidad de todo contenido Web consta de dos fases:

1. En primer lugar se debe realizar un análisis automático que detecte los problemas de accesibilidad. Las herramientas automáticas han de entenderse como una ayuda en el proceso de evaluación y no como un análisis completo ni infalible.

2. Como complemento de la evaluación automática ha de realizarse una evaluación manual para identificar todos aquellos problemas que no pueden ser comprobados en la primera fase y revisar aquellos dudosos que requieren de pruebas adicionales para su comprobación completa.

Un examen preliminar puede identificar rápidamente algunos problemas de accesibilidad en un sitio Web. Una revisión preliminar no comprueba todos los problemas de accesibilidad. Así, el método descrito en esta página no es suficiente para determinar si un sitio Web se ajusta a las directrices de accesibilidad Web.

Un examen completo tiene que combinar la comprobación manual de algunas páginas representativas de un sitio Web, junto con el uso de varias herramientas de evaluación automática de la accesibilidad. Los revisores no necesitan saber los lenguajes de marcas Web, pero deben ser capaces de descargar el software y familiarizarse con algunas herramientas de evaluación, y cambiar algunos ajustes en su navegador.

Para llevar a cabo un examen completo, tendríamos que completar las cinco tareas que se indican a continuación.

1. Seleccionar un ejemplo representativo de páginas.

Desde el sitio Web que tenemos que revisar, hay que seleccionar una muestra representativa de las páginas que coinciden con los criterios siguientes:

- Incluir todas las páginas en el que las personas son más propensas a entrar en nuestro sitio Web ("página de bienvenida", etc.)
- Incluir una variedad de páginas con diferentes diseños y funcionalidades, por ejemplo:
    - páginas Web con tablas, formularios, o los resultados generados dinámicamente
    - páginas Web con imágenes informativas, como diagramas o gráficos
    - páginas Web con scripts o aplicaciones que tienen alguna
    - funcionalidad

- Hay que tener una consideración especial para los sitios Web con contenido generado dinámicamente desde bases de datos.

2. Examinar las páginas usando navegadores gráficos

Utilizar una interfaz gráfica de usuario (GUI) del navegador (como Firefox, Internet Explorer, Opera, Safari, u otros) y examinar la selección de páginas ajustando la configuración de los navegadores de la siguiente forma:

- Desactivar las imágenes, y comprobar si el texto alternativo apropiado para las imágenes está disponible.

- Apagar el sonido, y comprobar si el contenido de audio está disponible a través de sus equivalentes de texto.

- Usar los controles del navegador para variar el tamaño de la fuente: verificar los cambios de tamaño de la fuente en la pantalla, y que la página es aún utilizable en los tamaños de fuente más grande.

- Probar con diferentes resoluciones de pantalla y / o cambiar el tamaño de la ventana de aplicación a menos de máxima, para comprobar que el desplazamiento horizontal no es necesario.

- Cambiar el color de la pantalla a escala de grises (o imprimir la página en escala de grises o blanco y negro) y observar si el contraste de color es el adecuado.

- Sin usar el ratón, utilice el teclado para navegar a través de los enlaces y controles de formulario en una página (por ejemplo, utilizando la tecla "Tab"), asegurándose de que puede acceder a todos los enlaces y controles de formulario, y que los vínculos funcionan bien.

3. Examinar las páginas que utilizan navegadores especializados

- Utilizar un navegador de voz (como Home Page Reader) o un navegador de texto (como Lynx) para examinar la selección de páginas, y determinar si es equivalente la información disponible a través del navegador especializado que a través de la interface común.

4. Usar herramientas automáticas de evaluación de accesibilidad Web

- Usar al menos dos herramientas automáticas de evaluación de accesibilidad Web para analizar la selección de las páginas y tener en cuenta los problemas indicados por las herramientas. Por supuesto estas herramientas sólo verificarán los aspectos de accesibilidad que se pueden probar de forma automática, los resultados de estas herramientas no deben utilizarse para determinar un nivel de conformidad, sin más pruebas manuales.

5. Resumir los resultados obtenidos

- Resumir los resultados obtenidos en las últimas cuatro tareas.
- Resumir los tipos de problemas encontrados, así como los aspectos positivos que se deberían continuar o ampliar en el sitio.
- Indicar el método por el cual se identificaron los problemas.
- Recomendar medidas de seguimiento, incluida la evaluación de conformidad completa que incluye la validación de marcado y otras pruebas, y la manera de abordar los problemas identificados.

6.1. Herramientas para la Evaluación de la Accesibilidad Web.

Existen herramientas que permiten identificar de forma automática problemas de accesibilidad.

Suponen una ayuda en la evaluación de la accesibilidad de los sitios Web, pero hay que tener en cuenta que las herramientas automáticas están lejos de ser infalibles y tienen ciertas limitaciones, pudiendo dar falsos positivos (considerar como error algo que no lo es) o no detectar algunos errores que el usuario debe revisar manualmente. Las herramientas de validación automática no son suficientes para asegurar que un sitio Web es 100% accesible.

Algunos ejemplos:

- **TAW (Fundación CTIC),** Se trata de la herramienta de evaluación automática de accesibilidad de habla hispana más extendida. En el siguiente capítulo se entra en profundidad de la familia de herramientas TAW.

- **Bobby (Watchfire)** Es el validador más antiguo de todos y fue creado por CAST (Centro para Tecnología Especial Aplicada. En un principio era totalmente gratuito, pero en Junio de 2002 fue comprado por la empresa Watchfire y la versión descargable pasó a ser de pago, mientras que la versión online siguió disponible de forma gratuita. Te da la opción de revisar tanto la Sección 508 como las WCAG 1.0. Se encuentra en inglés y las plataformas para las que está disponible son: Windows, Solaris, GNU/Linux y Mac.- AccVerify™ Professional permite verificar la conformidad de sitios y páginas web con las Pautas WCAG 1.0 y la Sección 508 del Acta de Rehabilitación. Permite generar informes en una gran variedad de formatos, incluido EARL. Se encuentra en inglés y sólo está disponible para Windows.

Ya no está disponible para uso gratuito.

- **HERA (Fundación Sidar).**
Herramienta online diseñada para facilitar a los desarrolladores la tarea de la revisión manual de accesibilidad de las páginas Web según las WCAG 1.0. http://www.sidar.org/hera/index.php.

- **INTAV – Inteco Accessibility Validator. INTECO**
Se trata de un servicio que analiza, de forma automática, el cumplimiento de los requisitos de accesibilidad Web en base a la normativa vigente y estándares (UNE 139803:2004 y WCAG 1.0). Es una herramienta online del Instituto Nacional de Tecnología de la Comunicación.
http://www.inteco.es/checkAccessibility/Accesibilidad/accesibilidad_servicios/intav_home/

- **Cynthia Says**: Se trata de un proyecto educacional promovido por varias organizaciones y empresas creado para divulgar la accesibilidad Web entre los desarrolladores. Se basa tanto en las pautas WCAG 1.0 como en la sección 508. http://www.cynthiasays.com/

- **The Wave**: Herramienta de validación y de reparación que se basa en las WCAG 1.0 y en la sección 508. No realiza un análisis exhaustivo de las páginas, sino que sirve de ayuda a los desarrolladores en determinadas comprobaciones. http://www.wave.webaim.org/

- **eXaminator:** es una herramienta online que analiza las recomendaciones de las Pautas de Accesibilidad al Contenido en la Web 2.0 (WCAG 2.0), adjudicando un índice entre cero y diez. http://examinator.ws/

- **PISTA:** (Promoción e Identificación de Servicios Emergentes de Telecomunicaciones Avanzadas) del Ministerio de Industria, Turismo y Comercio. Es un programa, descargable. Permite revisión automática de la accesibilidad de un sitio realizar análisis de accesibilidad con normativas distintas a la WAI WCAG1.0 (normativa por defecto). http://www.pistaaccesibilidad.com

- **FAE: Functional Accessibility Evaluator.** Es una herramienta online de la University of Illinois at Urbana-Champaign. Se basa en las pautas WCAG 1.0. http://fae.cita.uiuc.edu/

- **EvalAccess** permite evaluar automáticamente la accesibilidad de la páginas Web usando la pautas WCAG 1.Es una herramienta de la Universidad del País Vasco EUSKAMPUS. http://sipt07.si.ehu.es/evalaccess2/index.html

- **Accessibility Valet Demonstrator**: Es una herramienta comercial que proporciona una página de demostración gratuita. http://valet.webthing.com/access/url.html.

6.1.1. Herramientas TAW

Es una familia de herramientas para el análisis de la accesibilidad de sitios Web con el fin de permitir el acceso a todas las personas independientemente de sus características diferenciadoras. La familia está compuesta por una serie de herramientas que van desde los analizadores de páginas a los sistemas de monitorización. Todas estas herramientas se basan en los motores de análisis que han ido creciendo en funcionalidades.

El objetivo de utilizar esta familia de herramientas es comprobar el nivel de accesibilidad alcanzado en el diseño y desarrollo de páginas Web con el fin de permitir el acceso a todas las personas independientemente de sus características diferenciadoras.

Están destinadas al público en general, tanto como a webmasters, desarrolladores y diseñadores de páginas Web.

Funcionamiento TAW3 WCAG 1.0 Online

Inicialmente se introduce una dirección URL. El sistema analiza la página, basándose en las Pautas de Accesibilidad al Contenido Web 1.0, y genera un informe HTML basado en la página analizada con información sobre el resultado del análisis.

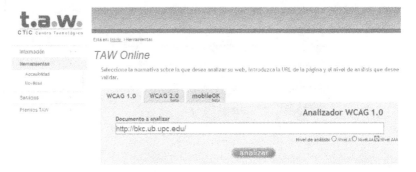

El informe se divide en tres partes:

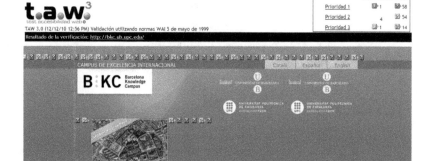

- **Cabecera:** Muestra el logotipo, versión del TAW y versión de las normas WAI.

- **Web analizada:** La página analizada se muestra insertando iconos de alerta sobre los problemas de accesibilidad encontrados. Estos iconos representan los tres niveles de prioridad y pueden ser:

  o Prioridad 1 (color rojo). El texto alternativo es "1.automático".

  o Prioridad 2 (color naranja). El texto alternativo es "2.automático".

  o Prioridad 3 (color verde). El texto alternativo es "3.automático".

  Estos problemas son los denominados automáticos, aquellos en los que la herramienta tiene la certeza de que incumplen las pautas (por ejemplo, una imagen sin texto alternativo).

  Asimismo, también pueden aparecer los siguientes iconos que indican los problemas manuales:

  - Prioridad 1 (color rojo). El texto alternativo es "1.manual".

  - Prioridad 2 (color naranja). El texto alternativo es "2.manual".

  - Prioridad 3 (color verde). El texto alternativo es "3.manual".

  El nivel de prioridad es el mismo, pero se trata de problemas que necesitan ser revisados por el desarrollador. Se refiere a problemas de accesibilidad bajo ciertas condiciones que se deben comprobar (por ejemplo, la necesidad de una descripción larga para las imágenes").

- **Resumen:** Se muestran los problemas de accesibilidad encontrados, organizados por prioridad, indicando:

  - Código del punto de verificación.

  - Descripción del problema.

  - Número de línea de la página analizada.

  - Etiqueta HTML que genera el problema de accesibilidad.

Una vez finalizada la descripción de problemas encontrados se resumen:

- Tiempo de análisis.
- Total de problemas encontrados en la página.
- Si se realizó un análisis con anterioridad de la página y desde el mismo equipo en el que se está realizando ahora, el resultado del anterior.

TAW WCAG 2.0 Online

Inicialmente se introduce una dirección URL. El sistema analiza la página, basándose en las Pautas de Accesibilidad al Contenido Web 2.0, y genera un informe HTML basado en la página analizada con información sobre el resultado del análisis.

La página resultante del formulario es el documento resumen, que muestra el total de los **problemas** (son necesarias las correcciones), las **advertencias** (deben revisarse manualmente) y los **puntos no verificados** (que requieren un análisis manual completo) y los organiza por cada principio (Perceptible, Operable, Comprensible y Robusto).

Desde esta página resumen se accede a otros tres tipos de vistas:

- **Vista marcada**: similar al informe TAW de WCAG 1.0, donde se señalan sobre la página web muestran las incidencias detectadas.

- **Detalle:** Donde, agrupados por cada uno de los principios básicos, se indican las comprobaciones atómicas realizadas mostrando las líneas de código donde se detectan incidencias. A nivel informativo se muestran las técnicas relacionadas con cada una de las comprobaciones.

- **Listado**: Es un resumen, agrupado por cada uno de los principios básicos, en formato de tabla que indica, a nivel de normativa, el resultado obtenido en las comprobaciones a nivel de pauta.

TAW3 Versión descargable.

La versión descargable del TAW es una aplicación de escritorio para el análisis automático de sitios Web basándose en las Pautas de Accesibilidad al Contenido Web 1.0 (WCAG 1.0). TAW3 sigue los enlaces de los documentos HTML de forma que permite analizar desde una única página hasta sitios Web completos.

Para el análisis de las páginas, TAW3 permite la selección de los puntos de verificación a comprobar así como la creación de nuevas reglas personalizadas. Finalmente, genera diferentes tipos de informes sobre el resultado del análisis.

Es multiplataforma y dispone de instaladores para varios sistemas operativos: Windows, Mac OS, Unix y familiares (Linux, Solaris, etc.)

Funcionamiento

La aplicación permite analizar páginas individuales o sitios Web completos. Se introduce una dirección URL que será la dirección inicial para realizar el análisis y se configura el ámbito del análisis y los puntos de verificación a comprobar.

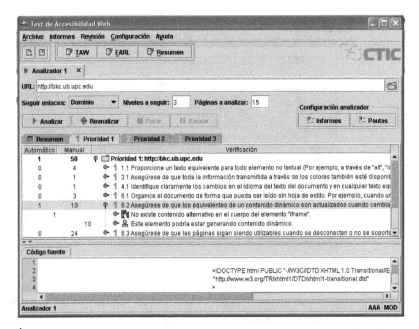

Ámbito del análisis: se indican los parámetros de exploración consistentes en tipología de enlaces (seguir enlaces dentro de un directorio o un dominio, seguir todos los enlaces o no seguir ninguno), niveles a analizar y número máximo de páginas.

Configuración de pautas: permite seleccionar qué puntos de verificación serán comprobados al realizar el análisis de las páginas. Se puede escoger un conjunto predefinido de puntos de verificación según los niveles de accesibilidad o crear un conjunto personalizado. También se permite la creación de comprobaciones personalizadas introduciendo una expresión regular o utilizando un asistente.

En el resultado del análisis se muestra:

- Número de problemas encontrados durante el análisis para cada una de las páginas.
- Detalle de los problemas detectados en cada página.

La aplicación genera tres tipos de informes diferentes:

- **Informe TAW:** muestra en la página analizada, mediante iconos, el lugar dónde se producen errores. El informe es similar al que realiza la versión online.
- **Informe EARL:** crea un informe de la página seleccionada en lenguaje EARL.
- **Informe resumen:** muestra un informe resumen que engloba todas las páginas analizadas.

taut accesibilidad web © TAW 3.08 (12/12/10 13:36) Validación utilizando normas WAI 5 de mayo de 1999

Resultado de la verificación:

Configuración del Análisis

URL Base	Ámbito	Profundidad	Nivel de análisis	Límite de páginas	Páginas analizadas
http://bkc.ub.upc.edu	Dominio	3	AAA	15	15

Informe Resumen

URL	♿		Problemas					
http://bkc.ub.upc.edu		1	58	4	54	1	14
http://bkc.ub.upc.edu/index.php?cont=inicio		1	58	4	54	1	14
http://bkc.ub.upc.edu/index.php?cont=inicio		1	58	4	54	1	14
http://bkc.ub.upc.edu/index.php?cont=inicio		1	58	4	54	1	14
http://bkc.ub.upc.edu/cei2009/index.php?cont=inicio		0	51	3	74	1	15
http://bkc.ub.upc.edu/seguimiento/index.php?cont=inicio		0	57	2	51	1	14
http://bkc.ub.upc.edu/documentacion/index.php?cont=inicio		0	57	2	48	1	
http://bkc.ub.upc.edu/?cont=video		0	61	2	53	1	14
http://bkc.ub.upc.edu/?cont=inicio		1	58	4	54	1	14
http://bkc.ub.upc.edu/?cont=intro		0	57	2	51	1	14
http://bkc.ub.upc.edu/?cont=facultades		0	57	2	72	1	14
http://bkc.ub.upc.edu/?cont=institutos		0	57	2	64	1	33

Para una información más completa sobre el funcionamiento de la herramienta tendremos que consultar el manual de usuario de TAW3 disponible en la Web: http://www.tawdis.net/taw3/manual/es/.

TAW3 Web Start

TAW3 Java Web Start dispone de la misma funcionalidad que la herramienta TAW3 en su versión descargable.

La versión TAW3 Java Web Start intenta simplificar al máximo todo el proceso de instalación, de modo que para instalar una aplicación sea simplemente pinchar en un enlace en una página web. A partir de ese momento, todo el proceso relacionado con la descarga, instalación y ejecución del programa se realiza de una manera automática.

Para instalar la herramienta por primera vez es necesario utilizar un enlace. Para ejecutar la aplicación posteriormente se podrá realizar volviendo a utilizar el enlace, desde el gestor de aplicaciones incorporado en Java Web Start o directamente mediante accesos directos.

TAW3 en un clic

Una vez hemos instalado con éxito TAW3 en un clic, aparecerá su icono en la barra de estado del navegador y podremos hacer un análisis de accesibilidad de la página web que estemos visualizando en ese momento simplemente haciendo clic en ese icono (o utilizando la combinación CTRL + Mayus. + T).

Podremos también cambiar la configuración mediante el menú contextual que aparece al hacer clic con el botón derecho sobre el icono de TAW3 en un clic (o mediante el administrador de extensiones).

En este menú podremos elegir el nivel de análisis que deseamos, ver información sobre TAW3 en un clic, o configurarlo mediante las opciones disponibles, que nos permitirán decidir dónde se va a ejecutar el análisis (en la pestaña actual del navegador, en una nueva pestaña que se abrirá en primer plano o en segundo plano, o en una ventana nueva del navegador) así como las opciones de menú disponibles.

6.1.2. PISTA.

Este validador ha sido creado dentro de un gran proyecto que se llama Programa PISTA Accesibilidad, que a su vez está dentro de un conjunto de proyectos llamados Programa PISTA, todo esto gestionado por el Ministerio de Industria, Turismo y Comercio.

El Programa PISTA consiste en la realización de proyectos de promoción de nuevos servicios, dirigidos a sectores clave, y realizados en coordinación con otros Organismos de la Administración y Sectores de Interés Público. En resumen, es un acercamiento de los servicios multimedia a la Administración Pública Española.

Y dentro de este programa, uno de los proyectos creados ha sido el Programa PISTA Accesibilidad, que como es fácil de entender por su nombre, su objetivo es dotar a las Administraciones Públicas y grandes corporaciones de una herramienta que permita mejorar la accesibilidad de sus sitios Web y entornos Web corporativos, a la vez que facilita la adquisición de unos conocimientos suficientes en materia de análisis, diseño y desarrollo de Web accesibles.

La herramienta de validación es un programa para Windows, el cual puede ser descargado gratuitamente. Una vez que lo descargas y te instalas el programa, ya que se trata de una aplicación de escritorio, pronto te llama la atención un gran parecido entre este validador y la versión de escritorio del TAW. Pero es que cuando lo usas con un pequeño ejemplo, te das cuenta de un gran parecido con TAW, sólo que mejora e incluya nuevas características.

Tiene las funcionalidades, como seguir enlaces, guardar revisiones o exportar resultados, como **gestor de sitios Web** por organizaciones, análisis de html y css por separado, registro de revisiones y reparaciones, autentificación de páginas, programación de análisis. Como puntos malos, que no consigo funciona para sitios en local y que es bastante lento de cargar.

- **Funcionamiento:**

Para hacerlo funcionar hay que crear un informe que luego nos guardará las páginas Web analizadas.

- En la pestaña de Información introducimos el nombre que queremos utilizar del sitio Web y su dirección.

- En la pestaña Exploración se introduce la profundidad delanálisis, el número de páginas a analizar.

- En la pestaña Análisis se selecciona la normativa de de accesibilidad del análisis y el nivel A, AA o AAA. También se puede añadir analizar la gramática y las hojas de estilo CSS.

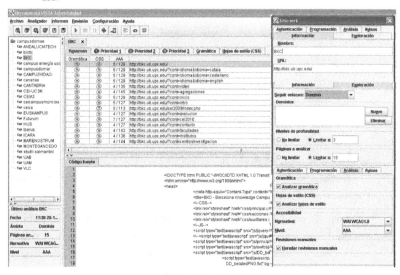

El programa muestra la pestaña de resumen del análisis muestra si supera la pruebas de gramática y de hoja de estilo cada una de las páginas Web analizadas y la cantidad de fallos que tiene cada página Web en el análisis.

En tras pestañas nos proporciona los fallos por prioridad y explica cual es el fallo.

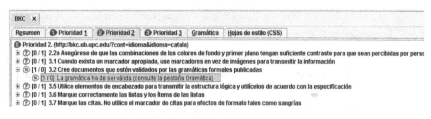

El icono de informe resumen proporciona un informe completo de los fallos encontrados:

Accesibilidad *PISTA*

Configuración del Análisis

URL Base	Ámbito	Profundidad	Nivel de análisis	Límite de páginas	Páginas analizadas
http://bkc.ub.upc.edu/	Dominio	3	AAA	15	15

Leyenda

Icono	Significado
1!	Incidencia de prioridad 1 de tipo automático
1?	Incidencia de prioridad 1 de tipo manual
2!	Incidencia de prioridad 2 de tipo automático
2?	Incidencia de prioridad 2 de tipo manual
3!	Incidencia de prioridad 3 de tipo automático
3?	Incidencia de prioridad 3 de tipo manual

Informe Resumen

URL	Incidencias						Informe visual
	1!	1?	2!	2?	3!	3?	
http://bkc.ub.upc.edu/	0	56	4	61	1	12	Informe visual
http://bkc.ub.upc.edu/?cont=idioma&idioma=catala	0	56	4	61	1	12	Informe visual
http://bkc.ub.upc.edu/?cont=idioma&idioma=castellano	0	56	4	61	1	12	Informe visual
http://bkc.ub.upc.edu/?cont=idioma&idioma=english	0	56	4	61	1	12	Informe visual
http://bkc.ub.upc.edu/?cont=video	0	59	3	64	1	12	Informe visual
http://bkc.ub.upc.edu/?cont=agregaciones	0	55	3	78	1	12	Informe visual
http://bkc.ub.upc.edu/?cont=inicio	0	56	4	61	1	12	Informe visual

6.1.3. HERA.

HERA es una utilidad para revisar la accesibilidad de las páginas Web de acuerdo con las recomendaciones de las Directrices de Accesibilidad para el Contenido Web 1.0 (WCAG 1.0). HERA realiza un análisis automático previo de la página e informa si se encuentran errores (detectables en forma automática) y qué puntos de verificación de las pautas deben ser revisados manualmente.

La revisión manual es imprescindible para comprobar realmente si la página es accesible. Para poder llevar a cabo esta verificación manual es necesario conocer las directrices de accesibilidad, saber cómo utilizan los usuarios las ayudas técnicas y tener alguna experiencia en diseño y desarrollo de páginas Web.

HERA facilita la revisión manual proporcionando información acerca de los elementos a verificar, instrucciones sobre cómo realizar ese control y dos vistas modificadas de la página (una en modo gráfico, otra del código HTML) con los elementos más importantes destacados con iconos y colores distintivos.

Un formulario permite modificar los resultados automáticos, agregar comentarios a cada punto de verificación e indicar el nombre del revisor. También es posible generar un informe final sobre la revisión, para imprimir o descargar, en diversos formatos (XHTML, RDF y PDF).

Los datos se conservarán en la base de datos de Sidar por el término de 7 (siete) días a partir del inicio de la revisión. Durante ese lapso es posible retomar un trabajo utilizando la URL de la página resumen, que contiene el identificador de la revisión.

La revisión de Hera.

Una vez indicada la página a revisar, HERA muestra un resumen con la información obtenida en el análisis automático y define un resultado para cada punto de control.

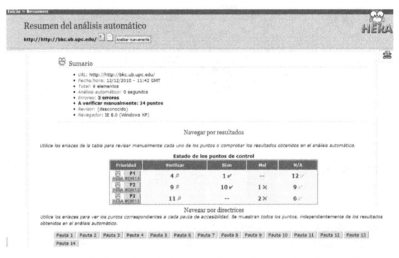

- **Bien**.- Cuando el análisis puede detectar, sin lugar a dudas, que la página cumple con los requisitos de accesibilidad de ese punto.

- **Verificar**.- Cuando el análisis no puede confirmar, con toda certeza, el cumplimiento del punto y se requiere la interpretación del usuario. En este caso, HERA proporciona opciones para efectuar la revisión manual.

- **Mal**.- Cuando el análisis puede detectar que la página no cumple, parcial o totalmente, con los requisitos de accesibilidad.

- **N/A**.- Cuando el punto hace referencia a elementos que no se encuentran presentes en la página.

En esta etapa existe siempre una cierta cantidad de puntos a verificar por el usuario. Una vez que la persona ha comprobado un punto, puede utilizar el formulario para modificar su resultado. El formulario ofrece otros dos posibles resultados, que se suman a los anteriores.

- Parcial.- Cuando el cumplimiento de los requisitos de accesibilidad no es completo.

- No sé.- Cuando el revisor no puede confirmar si el punto de control se cumple o no.

Revisión manual.

Cada punto puede abarcar uno o varios ítems a revisar, cada uno de los cuales tendrá su propio resultado. Si los resultados de los ítems no coinciden entre sí, el resultado general del punto se decide por el ítem con el peor resultado. Por ejemplo: si uno de los ítems es "incorrecto", el resultado del punto también lo será, cualesquiera sean los resultados de los demás ítems del punto.

HERA ofrece varias opciones para ayudar al revisor a verificar cada ítem. Cuando resulta posible, se indican los elementos encontrados en la página y qué se debe revisar.

A continuación de este texto, se ubican tres íconos para las ayudas.

- Muestra/oculta las instrucciones necesarias para hacer la revisión.
- Muestra en ventana aparte la página, con los elementos a revisar destacados mediante íconos, recuadros de color y, generalmente, muestra el código de cada elemento. Como estos agregados a la página original se pueden superponer a otros elementos, existe una opción para activar y desactivar las hojas de estilo de la página.
- Muestra en ventana aparte el código de la página, con los elementos a revisar destacados mediante íconos y recuadros de color.

De este modo, utilizando ambas vistas de la página como ayuda, el revisor podrá identificar los elementos importantes, valorar su uso y decidir el resultado para cada ítem del punto.

Dos iconos, ubicados junto a la URL de la página en revisión, permiten abrir la página original y ver su código, en ambos casos sin ninguno de los agregados que efectúan las opciones anteriores.

- Abre la página en una nueva ventana.
- Abre una nueva ventana para mostrar el código original de la página.

Barra de íconos

Devuelve a la página resumen, desde la cual es posible elegir el modo de navegar por los puntos de verificación.

Muestra/oculta los textos de ayuda para cada uno de los puntos de verificación.

Muestra/oculta el formulario para modificar los resultados de cada punto.

Lleva al formulario para solicitar el informe de la revisión. Este informe se puede obtener en diversos formatos (XHTML, RDF y PDF).

Estilos de trabajo.

La revisión completa puede hacerse navegando por la tabla de resultados o siguiendo la numeración de las directrices.

- **Navegar por directrices.** Desde la página Resumen se accede a la navegación por directrices, que se presentan mediante botones al final de la misma. Una vez se ha elegido esta opción, aparecerán los puntos de control, de la directriz seleccionada, para ser revisados. Para facilitar la navegación por directrices, aparecen en la parte superior de la página de revisión los botones con el número de cada una de ellas.

- **Navegar por resultados.** A la navegación por resultados se accede desde la tabla resumen de los mismos. Esta forma de navegación puede hacer más animada la tarea pues se va viendo claramente los puntos que se van resolviendo, especialmente cuando el revisor trabaja sobre su propio sitio y puede arreglar los fallos encontrados. En la parte superior de la página de revisión aparece la tabla que va mostrando los resultados con las modificaciones indicadas por el revisor.

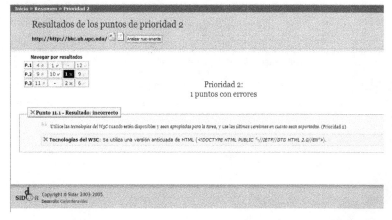

Generar el informe.

Al pulsar sobre el icono para solicitar el informe aparecerá un formulario en el que el revisor puede indicar su nombre, dirección de correo electrónico, el título que quiera darle al informe, y un campo para introducir un comentario general.

Puede entonces seleccionarse qué tipos de resultados (A verificar, correcto, incorrecto, no aplicable, parcial, no sé) se desean incluir en el informe, o si se desea incluir todos.

Una vez hecho esto, se puede elegir el o los tipos de informes a generar:

Informe HTML

En el formulario hay un botón para ver el informe en formato HTML, que abrirá una nueva ventana del navegador con el informe en ese formato, lo que supone que puede imprimirse directamente desde allí, utilizando el botón o la opción de menú para imprimir del navegador que se esté usando.

También hay un botón especial para descargar el informe en formato html. De esta manera, pueden guardarse con el nombre que se desee, para publicarlos en la Web o para publicarlos en papel. El revisor puede entonces, si lo requiere, crear una hoja de estilos especial para la impresión, de manera que se ajuste al papel membrete de su empresa y añadirla a los ficheros en formato html descargados.

Informe RDF

HERA genera también el informe en formato RDF, contribuyendo así a que tengamos y aprovechemos las posibilidades de una Web semánticamente más rica.

El botón "Ver el informe RDF" abrirá una nueva ventana del navegador con el contenido del informe en lenguaje EARL y en formato RDF. Es posible que algún usuario no pueda ver directamente en su navegador este informe si su utiliza una aplicación antigua incapaz de soportar XML, pero no hay que preocuparse, pues estos informes no están pensados para ser leídos por los humanos sino por las máquinas. De todas maneras, puede utilizarse, si se desea, el script de visualización de informes, y podrán publicarse en su propia Web, de manera que sean legibles y atractivos para los usuarios humanos y acordes con el aspecto general de su propio sitio Web.

El botón "Descargar el informe RDF" permite, como su nombre indica, descargar el fichero con el informe generado, para guardarlo y publicarlo donde y como se desee. El revisor o equipo de revisión puede optar por usar el script antes mencionado, o publicar directamente los ficheros RDF enlazados desde cada una de las páginas que han sido revisadas. Incluso podrá generar un gráfico de la revisión, valiéndose del revisor de sintaxis RDF, del W3C.

6.1.4. INTAV.

Inteco Accessibility Validator es una herramienta del Centro de Referencia en Accesibilidad y Estándares Web de INTECO

Se trata de un servicio que analiza, de forma automática, el cumplimiento de los requisitos de accesibilidad Web en base a la normativa vigente y estándares (UNE 139803:2004 y WCAG (se abre en nueva ventana)).

De este modo, el servicio de INTAV revisa una página Web e informa sobre los problemas de accesibilidad detectados automáticamente, así como de las advertencias y observaciones que deberán ser comprobadas de forma manual.

El objetivo de INTAV es poder facilitar la revisión de algunos aspectos de accesibilidad de las páginas Web. Al automatizar el análisis se consigue optimizar las acciones y los esfuerzos dedicados en el análisis de accesibilidad de una página web.

- **Funcionamiento:**
Se selecciona la dirección Web a analizar, se selecciona la norma aplicable (WCAG 1.0 o UNE-139803) y se selecciona el nivel de análisis (A, AA o AAA).

Al pulsar el botón "Enviar", muestra el resumen del análisis con los problemas, advertencias y observaciones que ha encontrado. Debajo del resumen enumera todas las incidencias encontradas agrupadas por niveles para su mejor análisis manual.

⇔ Volver

Resultados del análisis de la URL http://btc.ub.upc.edu/

- Incidencias de nivel A
  - Problemas: 2
  - Advertencias: 0
  - Observaciones: 20
- Incidencias de nivel AA
  - Problemas: 10
  - Advertencias: 7
  - Observaciones: 24
- Incidencias de nivel AAA
  - Problemas: 1
  - Advertencias: 0
  - Observaciones: 4

Incidencias de nivel A

1.1: Proporcione un texto equivalente para todo elemento no textual (Por ejemplo, a través de "alt", "longdesc" o en el contenido del elemento). Esto incluye: imágenes, representaciones gráficas del texto, mapas de imagen, animaciones (Por ejemplo, GIFs animados), "applets" y objetos programados, "ascii art", marcos, scripts, imágenes usadas como viñetas en las listas, espaciadores, botones gráficos, sonidos (ejecutados con o sin interacción del usuario), archivos exclusivamente auditivos, banda sonora del vídeo y vídeos.

- Observación: La imagen podría necesitar una descripción detallada.
- Observación: El OBJECT podría contener un video.
- Problema: No hay alternativa al IFRAME.
- Observación: El IFRAME podría necesitar una descripción larga.
- Observación: La alternativa de las imágenes funcionales podría no estar describiendo el destino del vínculo.

1.3: Hasta que las aplicaciones de usuario puedan leer en voz alta automáticamente el texto equivalente de la banda visual, proporcione una descripción auditiva de la información importante de la banda visual de una presentación multimedia.

- Observación: El OBJECT podría estar mostrando un video.

6.1.5. eXaminator

eXaminator es una herramienta en línea que revisa el código de una página web y efectúa una serie de pruebas relacionadas con técnicas y fallos de las Pautas de Accesibilidad para el Contenido Web 2.0 (WCAG 2.0), adjudicando una puntuación entre 1 y 10 de acuerdo a los errores y aciertos detectados.

eXaminator se apoya en algunas técnicas WCAG 2.0 pero su calificación no puede considerarse una medida de la accesibilidad general de la página. Se debe tener en cuenta, además, que algunas pruebas pueden estar sujetas a interpretación según la configuración de la página evaluada.

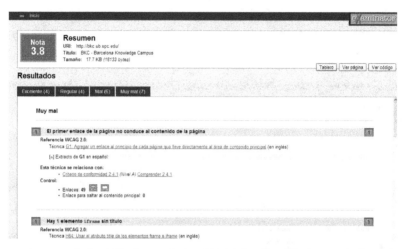

Aunque resulta inevitable cierto grado de arbitrariedad en las calificaciones, se ha intentado aplicar un método uniforme en la definición de las pruebas y los criterios de evaluación. Cada nota es ponderada de acuerdo a la prioridad que las WCAG 2.0 adjudican a la técnica evaluada y al grado de confiabilidad que ofrece la prueba. Se pueden consultar los detalles sobre el cálculo de la puntuación final en el Tablero, después de revisada la página.

http://bkc.ub.upc.edu/ — eXaminator

Nota 3.8

Resumen
Suma de las notas ponderadas (N): 57.8
Suma de la relevancia de las pruebas (R): 15.19
Nota final: (N/R) = (57.8/15.19) = 3.8

Referencia

#	Nivel WCAG 2.0	Prueba	Nota	Peso (P)	Confiabilidad (C)	Relevancia (P*C)	Nota ponderada
1	A	El primer enlace de la página no conduce al contenido de la página	1	1	1	1	1.0
2	A	Hay 1 elemento iframe sin título	1	1	1	1	1.0
3	A	Hay 2 elementos object sin alternativas textuales	1	0.9	1	0.9	0.9
4	A	Hay 2 elementos embed que no tienen contenido alternativo	1	0.9	1	0.9	0.9
5	A	En 45 casos, el atributo title de un enlace sólo repite el texto del enlace	1	0.9	1	0.9	0.9
6	A	No existen enlaces a diferentes secciones de la página	1	0.8	0.9	0.72	0.7
7	AA	En 17 casos se usan medidas absolutas para indicar el ancho de un elemento	1	0.6	1	0.6	0.6
8	A	Se detectaron 37 errores en la validación del código de la página	2	0.9	1	0.9	1.8
9	AA	En 7 casos se especifican valores absolutos para el tamaño de las fuentes tipográficas	2	0.6	1	0.6	1.2
10	A	Falta el código de idioma en el atributo xml:lang	3	0.9	0.9	0.81	2.4
11	AA	Hay 2 combinaciones de color cuya relación de contraste es menor a 3:1	3	0.6	0.9	0.54	1.6
12	AAA	En 1 caso, se usa texto justificado en las hojas de estilo	3	0.2	1	0.2	0.6
13	AAA	En 1 caso, se especifica un espaciado entre líneas menor a 1.5	3	0.2	0.9	0.18	0.5
14	A	Se usan 4 atributos para controlar la presentación visual	6	0.9	1	0.9	4.5
15	A	Se usa 1 elemento para controlar la presentación visual	5	0.9	1	0.9	4.5
16	AA	Se detectaron 2 errores en el código de las CSS	5	0.9	1	0.9	4.5
17	AA	Hay 39 casos de reglas CSS que no especifican los colores de primer plano y fondo a la vez	5	0.5	0.9	0.45	2.3
18	A	Se usan 7 elementos de encabezado	10	0.9	0.9	0.81	8.1
19	A	Todas las imágenes tienen una alternativa textual	10	0.8	0.9	0.72	7.2
20	A	La página tiene un elemento title	10	0.8	0.9	0.72	7.2
21	AA	Todas las medidas en atributos HTML están expresadas en valores relativos	10	0.6	0.9	0.54	5.4
		Totales				**15.19**	**57.8**

eXaminator incluye vistas auxiliares que permiten identificar los elementos revisados en la página, en las CSS y en el DOM. Estas vistas permiten confirmar los resultados automáticos, facilitan la comprensión de los problemas y ayudan a efectuar las correcciones que correspondan.

También se proporcionan enlaces a los documentos de las WCAG 2.0, donde se puede consultar toda la información relacionada con cada técnica.

Debido a que eXaminator no guarda ninguna información en el servidor, es necesario usar un formulario para enviar los datos que permiten generar las vistas auxiliares. Por este motivo, todos los enlaces, exceptuando los que llevan a la documentación de las WCAG, se abren en una ventana propia. Se debe tener en cuenta que esta ventana auxiliar recibirá el foco la primera vez que sea abierta pero luego es posible que permanezca en segundo plano.

eXaminator permite revisar páginas locales pero los resultados pueden ser distintos al de las páginas en línea porque en la evaluación no se incluirán las CSS externas. Además, en las vistas adicionales, la página no mostrará todos los elementos incrustados (por ejemplo, las imágenes).

Este junto con el TAW es el único validador que hace el análisis para la WCAG 2.0 que es la más moderna y la mejor para el análisis automático.

6.1.6. Cynthia Says:

Se trata de un proyecto educacional promovido por varias organizaciones y empresas creado para divulgar la accesibilidad Web entre los desarrolladores. Se basa tanto en las pautas WCAG 1.0 como en la sección 508. La página Web de la herramienta online es: http://www.cynthiasays.com

En la pantalla inicial que se muestra en la figura anterior se solicita que se introduzca la página Web a analizar, se selecciona la norma para el análisis (WCAG 1.0 o Seccion 508) y se puede seleccionar que analice el texto alternativo y el fichero fuente. Hay que seleccionar un navegador para emular y presionar "Test your site".

El resultado del análisis es el siguiente:

The level of detail setting for the report is to show all detail.

Verification Checklist

Checkpoints	Passed
Basic Settings	Yes No Other
1.1 / (a) Provide a text equivalent for every non-text element (e.g., via "alt", "longdesc", or in element content). This includes: images, graphical representations of text (including symbols), image map regions, animations (e.g., animated GIFs), applets and programmatic objects, ascii art, frames, scripts, images used as list bullets, spacers, graphical buttons, sounds (played with or without user interaction), stand-alone audio files, audio tracks of video, and video.	No

 o Rule: 1.1.1 - All IMG elements are required to contain either the alt or the longdesc attribute.
  o No invalid IMG elements found in document body.
 o Rule: 1.1.2 - All INPUT elements are required to contain the alt attribute or use a LABEL.
  o No INPUT Elements found within document
 o Rule: 1.1.3 - All OBJECT elements are required to contain element content.
  o No invalid OBJECT elements found in document body.
 o Rule: 1.1.4 - All APPLET elements are required to contain both element content and the alt attribute.
  o No APPLET elements found in document body.
 o Rule: 1.1.6 - All IFRAME elements are required to contain element content.
  o Failure - IFRAME Element at Line: 521, Column: 8
 o Rule: 1.1.7 - All Anchor elements found within MAP elements are required to contain the alt attribute.
  o No MAP elements found in document body.
 o Rule: 1.1.8 - All AREA elements are required to contain the alt attribute.
  o No AREA elements found in document body.
 o Rule: 1.1.9 - When EMBED Elements are used, the NOEMBED element is required in the document.
  o Failure - EMBED Element(s) is found in document and the NOEMBED element is not.

7.1 / (i) Until user agents allow users to control flickering, avoid causing the screen to flicker.

En él se presentan las pautas analizadas, mostrando los apartados dónde falla y una columna "Passed" que indica si ha superado el análisis, si no lo ha superado o si no hay información.

La columna primera de la tabla está agrupada por puntos de chequeo y prioridades. Primero muestra la **Verification Checklist** pautas de Prioridad 1. Después muestra las **Priority 2 Verification Checklist,** pautas de prioridad 2 y las **Priority 3 Verification Checklist,** pautas de prioridad 3.

6.1.7. WAVE.

WAVE es una herramienta gratuita para evaluar la accesibilidad de las páginas Web proporcionada por WebAIM. WAVE es usado para ayudar a las personas en el proceso de evaluación de la accesibilidad de las páginas Web. En vez de proporcionar un reporte técnico complejo, WAVE muestra la página original con íconos e indicadores insertados dentro de la misma y así revelando la accesibilidad de la página.

Funcionamiento:

Inserte el URL de la página web que desea evaluar:

El resultado indica si ha encontrado o no errores de accesibilidad. Muesta la página original con iconos que indican fallos, alertas y comentarios.

página analizada.

La sección informe en la parte superior de la página indica si WAVE ha detectado algún error o no. La ausencia de errores no significa que su página es accesible.

Íconos, Títulos y Descripciones de WAVE 4.0

- Todos los íconos de color ROJO indican ERRORES de accesibilidad. La presencia de los mismos significa que es casi seguro que existan problemas de accesibilidad.

- Todos los íconos de color AMARILLO indican ALERTAS. Estos pueden o no ser errores de accesibilidad, pero los mismos indican un área donde la accesiblidad normalmente puede traer problemas o puede ser mejorada. Estos deben ser revisados para encontrar posibles problemas.

- Todos los íconos de color VERDE indican CARACTERÍSTICAS DE ACCESIBILIDAD que el autor debe de revisar para asegurarse de que están correctamente implementadas.

- Todos los íconos de color AZUL CLARO indican ELEMENTOS ESTRUCTURALES, SEMÁNTICOS O DE NAVEGACIÓN que pueden ayudar a la accesibilidad de la página. Éstos deben ser revisados para asegurar el uso apropiado de los mismos. Todos los íconos con forma trapezoidal (por ejemplo,) están relacionados con imágenes.

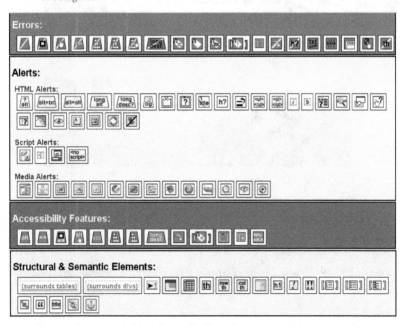

Se puede ver una breve descripción de lo que significa cada icono o indicador pasando el ratón sobre ellos o puede obtener una descripción profunda, seleccionando la pestaña de iconos en la parte superior de la página.

WAVE puede identificar los errores (en otras palabras, si aparece un icono de color rojo, la página tiene un problemas de accesibilidad), no se puede saber si su página es accesible. Por esta razón, WAVE nunca indica que la página es accesible o si se ha 'pasado' WAVE.

WAVE usa las directrices y normas de accesibilidad Sección 508, WCAG, o ambos. Pero no puede revisar todo. No es una herramienta automatizada. Porque la mayoría de las directrices están sujetas a grandes grados de interpretación.

WAVE ofrece cuatro tipos de informes:

1. Errores, funciones, y alertas: presenta su página con los iconos de acceso integrado e indicadores. Esta es la vista por defecto con la mayoría de características WAVE.

2. Estructura / Orden: Muestra la página con un conjunto de iconos e indicadores que muestran la estructura general de la página. Los indicadores muestran el número de lectura y para la navegación de la página. Sólo tiene que seguir los números para determinar si el orden de lectura y navegación de la página tiene sentido y es lógico.

3. Ver sólo texto: Ver sólo la información que se suelen leer los lectores de pantalla (como texto alternativo para las imágenes). El estilo visual de la página se ha eliminado. Esto proporciona un punto de vista visual de lo que un lector de pantalla es probable que lea.

4. Vista del esquema: Muestra sólo las cabeceras de la página. Hay que asegurar que la página contiene los encabezados y que la estructura de la página es lógico y apropiado.

6.1.8. EvalAccess

EvalAccess está desarrollado por el Laboratorio de HCI para Necesidades Especiales de la Universidad del País Vasco (UPV-EHU).

EvalAccess chequea la accesibilidad de páginas Web, sobre la base de las directrices WAI WCAG 1.0. Se ha implementado como un servicio Web para permitir su uso libre.

El servicio web implementadas para la evaluación de la accesibilidad puede procesar una página web de su URL o HTML de su margen de ganancia. El resultado del proceso de evaluación tiene el formato de XML después de un esquema XML predefinido.

EvalAccess 2.0

Web Service tool for evaluating web accessibility

EvalAccess allows to automatically evaluate the accessibility of web pages using the WCAG 1 0 from the W3C.

Evaluate single URL	Evaluate Website	Evaluate HTML source	How to	Help

In order to evaluate the accessibility of a web page, its URL must be filled in the text box below. This procedure must be done for each page of the Web site. You can also the alternative methods located in the navigation bar.

Insert the URL you want to evaluate:

`http://bkc.ub.upc.edu/`

Configuring these options you will visualize the evaluation results depending on the problems type and priority levels:

☑ **Show errors* with:** Priority levels `1-2-3 ▾`

☑ **Show warnings**

`Evaluate`

Se introduce la dirección Web a analizar y el tipo de análisis:

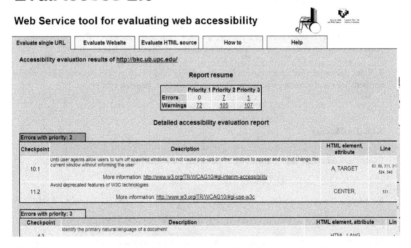

El análisis proporciona un resumen de los errores por prioridades y muestra todos los errores y las alertas y las líneas de código donde aparecen.

También puede analizar sitios Web, hay que proporcionar la profundidad y el número de páginas a analizar y se consigue un resultado como el de la figura en el que se muestra el resumen del análisis y los fallos encontrados en cada página. En nuestro caso 15.

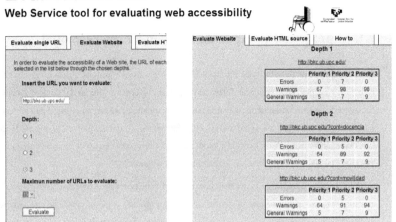

6.2. Validación de la sintaxis del código

Para que una página Web ofrezca información extra a los discapacitados requiere un código bien formado, sin embargo debido a la falta de definición estricta en el lenguaje HTML, a la flexibilidad de los navegadores de internet a la hora de interpretar el código y a la utilización particular de los diseñadores de páginas Web, se ha dado lugar a que la Web esté llena de páginas definidas incorrectamente pero que se visualizan de una forma correcta en los navegadores. Por tanto, de cara a la accesibilidad es importante que la sintaxis de las páginas Web sea correcta.

Existen varias aplicaciones para la revisión de la sintaxis del código fuente. Es recomendable utilizar las herramientas de validación proporcionadas por el W3C:

- **Validador (X)HTML de W3C**: Este validador es un servicio online gratuito de validación de código que comprueba la conformidad de los documentos (X)HTML respecto a las gramáticas del W3C y otros estándares (X)HMTL. http://validator.w3.org/.

- **Validador de CSS de W3C**: Es una herramienta gratuita para validar las hojas de estilo CSS solas o presentes en documentos (X)HTML, comprobando de esta manera si cumplen las especificaciones del W3C..http://jigsaw.w3.org/css-validator.

7.1. El programa Campus de Excelencia Internacional

Los Ministerios de Educación e Innovación y Ciencia convocaron por primera vez en 2009 el Programa Campus de Excelencia Internacional, cuyo objetivo es iniciar la modernización del concepto de campus universitario, y conseguir que los españoles adquieran un nivel de excelencia e internacionalización que los convierta en un referente en el ámbito global. Forma parte de la Estrategia Universidad 2015, dirigida a modernizar la universidad española en este horizonte y a introducir un alto nivel de calidad en los campus universitarios.

El Programa Campus de Excelencia Internacional tiene por objeto financiar las iniciativas más innovadoras y competitivas que aporten un mayor valor añadido como resultado de una agregación estratégica de sus agentes y actores, buscando dar solución a la mejora de la calidad, de la eficiencia y de la eficacia de la docencia universitaria y mejorando la transformación del conocimiento en mayor competitividad y aumento de la innovación.

- **Proyectos seleccionados del Campus de Excelencia Internacional 2009**

Campus de Excelencia Internacional

- Barcelona Knowledge Campus.
- Campus Moncloa: La energía de la diversidad.
- Campus Carlos III.
- UAB CEI: Apuesta por el Conocimiento y la Innovación.
- Campus de Excelencia Internacional UAM-CSIC.

Campus de Excelencia de ámbito regional

- Campus de Excelencia Agroalimentario (CeiA3)
- Cantabria Campus Internacional
- Campus Vida
- AD FUTURUM

- **Proyectos seleccionados del Campus de Excelencia Internacional 2010**

Campus de Excelencia Internacional

- Andalucía TECH.

- Campus ENERGÍA UPC: Energía para la Excelencia.

- CAMPUS IBERUS: Campus de Excelencia Internacional del Valle del Ebro.

- Campus UPF - Icària Internacional.

- CEI Montegancedo I2Tech.

- EUSKAMPUS. Una Universidad, un País, un Campus.

- Health Universitat de Barcelona Campus (HUBc).

- VLC / Campus- Valencia, Campus de Excelencia Internacional.

Campus de Excelencia de ámbito regional

- Campus BioTic Granada.

- Campus de Excelencia Internacional Catalunya Sud.

- Campus do Mar "Knowledge in depth".

- Campus Mare Nostrum 37/38.

- CEI CANARIAS: Campus Atlántico Tricontinental.

- Studii Salamantinii.

7.2. Estudio automático de la Accesibilidad

7.2.1. Objeto del estudio.

Este estudio presenta un análisis preliminar para determinar el grado de accesibilidad que tienen los distintos **Campus de Excelencia Internacional**. Se obtendrá una comparativa del nivel de accesibilidad de cada una de los Campus analizando algunas de sus páginas Web. Para ello se van a utilizar varias herramientas de análisis automático de accesibilidad.

Una vez obtenidos los resultados compararemos cada herramienta de análisis para ver sus diferencias y sus puntos fuertes.

Este programa lo vamos a ejecutar analizando las sedes de los **Campus de Excelencia Internacional**. En la siguiente tabla aparecen los nombres de los Campus, la dirección Web y las siglas que utilizaremos en el estudio para hacer más comprensibles los gráfico y tablas.

Campus	URL	Siglas

Barcelona Knowledge Campus.	http://bkc.ub.upc.edu/	BKC
Campus Moncloa: La energía de la diversidad.	http://www.ceicampusmoncloa.com/	MONCLOA
Campus Carlos III	http://cei.uc3m.es/CampusCarlosIII/	UC3M
UAB CEI: Apuesta por el Conocimiento y la Innovación.	http://www.uab.es/ http://www.uab.cat/servlet/Satellite/campus-de-excelencia-internacional-1251152788104.html	UAB
Campus de Excelencia Internacional UAM-CSIC.	http://campusexcelenciauam.es/	UAM
Campus de Excelencia Agroalimentario (CeiA3)	http://www.ceia3.es/	CEIA3
Cantabria Campus Internacional	http://www.cantabriacampusinternacional.com/	CANTABRIA
AD FUTURUM	http://cei.uniovi.es/	FUTURUM
Campus Vida	http://www.usc.es/campusvidaci/web2/index.php	C-VIDA
Andalucía TECH.	http://www.andaluciatech.org/	**ANDALUCIATECH**
Campus ENERGIA UPC: Energía para la Excelencia.	www.upc.edu	UPC
CAMPUS IBERUS: Campus de Excelencia Internacional del Valle del Ebro.	http://www.campusiberus.es/	IBERUS
Campus UPF - Icària Internacional.	http://www.upf.edu/icaria/	ICÀRIA
CEI Montegancedo I2Tech.	http://www.upm.es/CEI_Montegancedo/index.html	MONTEGANCEDO
EUSKAMPUS. Una Universidad, un País, un Campus	http://euskampus.ehu.es/	EUSKAMPUS
Health Universitat de Barcelona Campus (HUBc).	http://hub.ub.edu/	HUB
VLC / Campus- Valencia, Campus de Excelencia Internacional.	http://www.vlc-campus.com/	VLC
Campus BioTic Granada.	http://biotic.ugr.es/	BIOTIC
Campus de Excelencia Internacional Catalunya Sud.	http://www.ceics.eu/es_index.html	CEICS
Campus do Mar "Knowledge in depth".	http://www.campusdomar.es/	C-DOMAR
Campus Mare Nostrum 37/38.	http://www.campusmarenostrum.es/	MARENOSTRUM
CEI CANARIAS: Campus Atlántico Tricontinental.	http://www.ceicanarias.com	CANARIAS
Studii Salamantinii.	http://tv.usal.es/videos/48/studii-salamantini	STUDII

7.2.2. Metodología y muestra analizada.

Para realizar el estudio se utilizará la herramienta de análisis Taw3. Dentro del conjunto de herramientas de la familia se utilizará la versión descargable sobre Windows. El proceso de descarga e instalación consistirá en los siguientes pasos:

- Nos conectaremos mediante un navegador al servidor www.tawdis.net

- Accederemos con la ruta Herramientas-Accesibilidad-Descargable a un formulario en el que solicitaremos la descarga
- Seleccionaremos la versión sin máquina virtual java, la tenemos instalada, para la versión de sistema operativo que dispongamos, en este caso Windows XP
- Descargaremos un ejecutable con el nombre taw3.exe (4.4MB)
- Una vez descargado lo ejecutaremos, el ejecutable instalará el programa taw3 en nuestro equipo

Una vez instalado el programa vamos a configurar el análisis de la siguiente forma:

- En la ventana de URL escribiremos sucesivamente por cada ejecución del programa la url de las sedes Web de las distintas universidades
- En la ventana Seguir enlaces seleccionaremos dominio, para que la revisión se realice dentro del dominio.
- En la ventana Niveles a seguir escribiremos 3
- En la ventana Páginas analizadas escribiremos 15

Realizaremos 23 ejecuciones del programa siguiendo las pautas descritas anteriormente. Una ejecución por sitio Web de cada Campus. Una vez ejecutado el programa para un sitio Web realizaremos una grabación en un fichero con la extensión taw, y en el vamos a mantener el resultado de la ejecución del análisis. De esta forma podremos volver a ejecutar taw3 pero leyendo los datos del fichero con la extensión taw para cada universidad, manteniendo así el resultado del análisis desde la fecha de su ejecución y recogida de resultados. Con las ejecuciones sucesivas sobre los sitios Web de las universidades analizaremos un total de 345 páginas.

7.2.3. Conclusiones del estudio.

7.2.3.1. Grado de cumplimiento de los niveles de conformidad WAI.

En esta tabla hemos recogido el número de páginas Web que cumplen con las normas WAI en los distintos niveles A, AA y AAA. A continuación hemos totalizado el número de páginas que cumplen con cualquiera de las niveles.

Tabla 1	Número de páginas que cumplen con las normas WAI																							
	BKC	MONCLOA	UC3M	UAB	UAM	CEIA3	CANTABRIA	C-VIDA	FUTURUM	ANDALUCIATECH	UPC	IBERUS	ICARIA	MONTEGANCEDO	EUSKAMPUS	HUB	VLC	BIOTIC	CEICS	C-DOMAR	MARENOSTRUM	CANARIAS	STUDII	Total
WAI- A	15	0	0	8	15	14	14	14	15	0	15	0	0	15	15	15	15	15	15	15	0	0	14	229
WAI- AA	0	0	0	3	5	0	10	4	0	0	13	0	0	4	1	14	0	10	12	0	0	0	13	89
WAI- AAA	0	0	0	3	5	0	10	4	0	0	0	0	0	3	0	0	0	9	11	0	0	0	0	45
Total	15	0	0	14	25	14	34	22	15	0	28	0	0	22	16	29	15	34	38	15	0	0	27	363

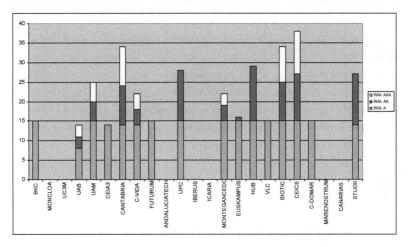

Podemos observar que la norma WAI-A la cumplen aproximadamente el 50% de las páginas de las sedes. Hay siete sedes, el 30%, en las que ninguna página cumple con la norma WAI-A.

El nivel de cumplimiento de las pautas WAI-A es bastante bajo, solo el 30,43% de los Campus analizados cumplen con este nivel. Si contabilizamos todas las páginas analizadas 346, el 66,38% cumplen con WAI-A. Sólo en diez de los Campus analizados todas sus páginas cumplen WAI-A. Los CEI BKC, UAM, FUTURUM, UPC, MONTEGANCEDO, EUSKAMPUS, HUB, VLC, BIOTIC, CEICS, C-DOMAR.

Los niveles WAI-AA y WAI-AAA tienen un nivel de cumplimiento mucho más bajo en general 25,80% y 13,04%, sólo en los Campus UPC, HUB y STUDII mantienen un nivel alto de cumplimiento de la pauta WAI-AA y los Campus de Cantabria, Biotic y CEICS mantienen un nivel alto de cumplimiento de la pauta WAI-AAA.

7.2.3.2. Principales errores por prioridades y puntos de control.

En la siguiente tabla puede observarse el promedio de errores tras el análisis TAW de las quince primeras páginas respectivas de las nueve sedes Web. En esta tabla se muestra el número de errores acumulado por pauta y Campus.

Tabla 2	Número de errores automáticos por prioridades				
Campus	P1	P2	P3	Total	Pág. Analizadas
BKC	0	40	15	55	15
MONCLOA	1	3	1	5	1
UC3M	267	743	123	1133	15
UAB	9	44	6	59	15
UAM	0	11	2	13	13
CEIA3	7	59	76	142	15
CANTABRIA	2	11	6	19	15
FUTURUM	0	21	4	25	15
C-VIDA	267	33	58	358	15
ANDALUCIATECH	15	106	127	248	15
UPC	0	2	19	21	15
IBERUS	70	141	46	257	15
ICARIA	27	45	18	90	3
MONTEGANCEDO	0	29	9	38	15
EUSKAMPUS	0	17	0	17	13
HUB	0	1	52	53	15
VLC	0	76	30	106	15
BIOTIC	0	31	25	56	15
CEICS	0	4	3	7	15
C-DOMAR	0	233	10	243	15
MARENOSTRUM	104	32	35	171	15
CANARIAS	7	10	8	25	1
STUDII	1	7	18	26	15
Total	777	1699	691	3167	301

Lo primero que se observa en la tabla es que hay 3 Campus en los que su Web está compuesta por una o tres páginas. Estas son: CEI Moncloa, CEI Icaria y CEI Canarias.

Los errores acumulados de estos tres Campus son menores porque hay menos páginas analizadas.

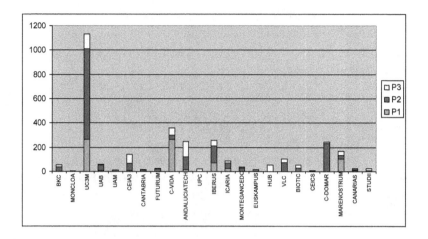

Destaca el elevado número de errores que presentan CEI UC3M, que tienen serias deficiencias en accesibilidad Web. Las mejores clasificadas son CEICS que sólo acumula 7 errores en total, CEI UAM, CEI Cantabria, CEI Euskampus y CEI UPC que presentan un número muy pequeño de errores menos de 25.

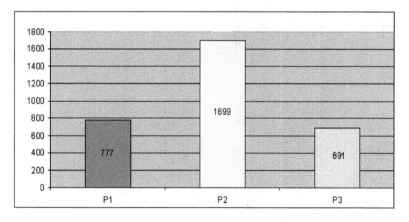

Otro aspecto a destacar es el predominio de errores en el nivel de prioridad 2 en todas las universidades. Esto hace difícil conseguir un nivel de conformidad WAI-AA en las páginas analizadas. Sólo lo consigue CEI HUB en 14 de las 15 páginas analizadas y los CEI UPC y Studii Salmantini con 13 páginas de 15.

Una vez detectados los errores resulta conveniente identificarlos y agruparlos para conocer los controles que se incumplen y así poder buscar soluciones apropiadas. Los resultados obtenidos son significativos ya que la mayoría de los problemas de accesibilidad se concentran en torno a una serie de puntos de control específicos.

Tabla III	Número de páginas con errores Pautas Prioridad 1				
Campus	1.1	6.2	6.3	12.1	Total
BKC					0
MONCLOA				1	1
UC3M	15				15
UAB	6		1		7
UAM					0
CEIA3	2				2
CANTABRIA	1				1
FUTURUM					0
C-VIDA					0
ANDALUCIATECH					0
UPC	15				15
IBERUS					0
ICARIA	15				15
MONTEGANCEDO	2		2		4
EUSKAMPUS					0
HUB					0
VLC					0
BIOTIC					0
CEICS					0
C-DOMAR					0
MARENOSTRUM					0
CANARIAS	15				15
STUDII	1	1			2
Studii Salamantinii.	15	4			19
Total	87	5	3	1	96

En el **nivel de prioridad 1** la pauta más incumplida es el 1.1 que se incumple en diez de los Campus.

- **Punto 1.1**: ha de proporcionarse un equivalente textual para cada elemento no textual, incluidas imágenes, representaciones gráficas de texto, regiones de mapas de imagen, animaciones, applets10 y objetos, arte ASCII, marcos, scripts, imágenes usadas como viñetas de listas, espaciadores, botones gráficos, sonidos, ficheros de audio autónomos, pistas audio de vídeo y vídeo.
- **Punto 6.2**: Asegurarse de que los equivalentes de un contenido dinámico son actualizados cuando cambia el contenido dinámico.
- **Punto 6.3**: las páginas deben ser accesibles cuando scripts, applets u otros objetos de programación sean desactivados o no soportados. Si esto no es posible, debe proporcionarse información equivalente o una página alternativa accesible.

- **Punto 12.1**: debe titularse cada marco (frame) para facilitar su identificación y navegación.

Tabla III	Número de páginas con errores Pautas Prioridad 2								
Campus	3.2	3.3	3.4	3.5	3.6	11.2	12.3	12.4	**Total**
BKC				1		15			16
MONCLOA		1	1	1					3
UC3M			15	15		15	15		60
UAB			7		3	6			16
UAM			2	7					9
CEIA3			15	1		6			22
CANTABRIA				3					3
FUTURUM			4	2					6
C-VIDA				4		2		15	21
ANDALUCIATECH			15			15			30
UPC			1	1					2
IBERUS			7	5	3	15		15	45
ICARIA	2		2	2					6
MONTEGANCEDO			2	11		2	5		20
EUSKAMPUS			12	5					17
HUB					1				1
VLC			15			15		15	45
BIOTIC							5		5
CEICS				2		1			3
C-DOMAR			15	2		15		3	35
MARENOSTRUM				3	1	15			19
CANARIAS	1		1	1					3
STUDII			2	15		3	15	15	50
Total	3	1	101	96	8	125	35	68	437

En el **nivel de prioridad 2** existe un alto nivel de incumplimiento tanto por el número de controles incumplido como por el número de veces que se incumplen estos puntos de control. Los puntos más incumplidos son los 3.4, 3.5, 11.2 y 12.4. Los Campus que más pautas incumplen son Studii Salamantinii, CEI Icaria y CEI UC3M. El Campus que menos pautas incumple es CEI HUB que sigue ostentando la mejor marca en accesibilidad Web, incluso en esta prioridad.

- **Punto 3.4** Utilice unidades relativas en lugar de absolutas al especificar los valores en los atributos de los marcadores de lenguaje y en los valores de las propiedades de las hojas de estilo.

- **Punto 3.5** Utilice elementos de encabezado para transmitir la estructura lógica y utilícelos de acuerdo con la especificación.

- **Punto 11.2** Evite características desaconsejadas por las tecnologías W3C.

- **Punto 12.4** Asocie explícitamente las etiquetas con sus controles.

En **el nivel de prioridad 3** el punto 4.3, 5.5 y 10.4 lo incumplen más de diez de los Campus. Los mejores Campus en esta prioridad son: UC3M, AndaluciaTECH y Esuskampus. El nivel de incumplimiento es mucho menor que el punto de prioridad 2, y algo mejor que la prioridad 1.

Tabla V	Número de páginas con errores Pautas Prioridad 2					
Campus	1.5	4.3	5.5	5.6	10.4	Total
BKC		15				15
MONCLOA		1				1
UC3M						0
UAB			3		3	6
UAM					2	2
CEIA3			15		10	25
CANTABRIA		1	2			3
FUTURUM	2		1	1		4
C-VIDA					2	2
ANDALUCIATECH						0
UPC	15		8			23
IBERUS			2		15	17
ICARIA			15			15
MONTEGANCEDO		9				9
EUSKAMPUS						0
HUB		15	5	5		25
VLC		15			15	30
BIOTIC			2	2	1	5
CEICS					1	1
C-DOMAR			1		2	3
MARENOSTRUM	5	15	1			21
CANARIAS	1	1	1			3
STUDII		15	2		1	18
Total	23	87	58	8	52	228

Los puntos que fallan son:

- **Punto 1.5:** Hasta que las aplicaciones de usuario interpreten el texto equivalente para los vínculos de los mapas de imagen de cliente, proporcione vínculos de texto redundantes para cada zona activa del mapa de imagen de cliente.
- **Punto 4.3**: se recomienda identificar el lenguaje natural principal de un documento.
- **Punto 5.5**: se recomienda proporcionar resúmenes para tablas.
- **Punto 5.6**: se recomienda proporcionar abreviaturas para las etiquetas de encabezamiento.
- **Punto 10.4:** Hasta que las aplicaciones de usuario manejen correctamente los controles vacíos, incluya caracteres por defecto en los cuadros de edición y áreas de texto

7.2.3.3. Valoración de la Accesibilidad Web

Tomando los datos de la Accesibilidad obtenemos el porcentaje de páginas con respecto a las analizadas que cumplen con las WAI por Campus. Consideramos más importante y con más peso que se cumplan los puntos de control de prioridad 1, ya que esto al menos nos asegura que la accesibilidad Web de la página a nivel WAI-A. Este dato expresado en la Tabla IV lo vamos a utilizar para establecer un ranking entre las universidades, asignando un peso mayor a las páginas que cumplen con las prioridades 1, 2 y 3.

Tabla VI	Porcentaje de páginas sobre las analizadas que cumplen las normas WAI																						
	BKC	MONCLOA	UC3M	UAB	UAM	CEIA3	CANTABRIA	C-VIDA	FUTURUM	ANDALUCIATECH	UPC	IBERUS	ICARIA	MONTEGANCEDO	EUSKAMPUS	HUB	VLC	BIOTIC	CEICS	C-DOMAR	MARENOSTRUM	CANARIAS	STUDII
WAI- A	100	0	0	53	100	93	93	93	100	0	100	0	0	100	100	100	100	100	100	100	0	0	93
WAI- AA	0	0	0	20	38	0	67	27	0	0	87	0	0	27	7,7	93	0	67	80	0	0	0	87
WAI- AAA	0	0	0	20	38	0	67	27	0	0	0	0	0	20	0	0	0	60	73	0	0	0	0

Vamos a realizar una suma ponderada de los porcentajes sobre las páginas analizadas que cumplen las normas WAI. La relación de ponderación es la siguiente:

Tabla VII	RELACIÓN DE PONDERACIÓN
Páginas que cumplen el nivel WAI-A	0,6
Páginas que cumplen el nivel WAI-AA	0,3
Páginas que cumplen el nivel WAI-AAA	0,1

Tabla VIII	Suma ponderada de los porcentajes sobre las páginas analizadas que cumplen las normas WAI																						
	BKC	MONCLOA	UC3M	UAB	UAM	CEIA3	CANTABRIA	C-VIDA	FUTURUM	ANDALUCIATECH	UPC	IBERUS	ICARIA	MONTEGANCEDO	EUSKAMPUS	HUB	VLC	BIOTIC	CEICS	C-DOMAR	MARENOSTRUM	CANARIAS	STUDII
WAI- A	60	0	0	32	60	56	56	56	60	0	60	0	0	60	60	60	60	60	60	60	0	0	56
WAI- AA	0	0	0	6	12	0	20	8	0	0	26	0	0	8	2,3	28	0	20	24	0	0	0	26
WAI- AAA	0	0	0	2	3,8	0	6,7	2,7	0	0	0	0	0	2	0	0	0	6	7,3	0	0	0	0
Total:	60	0	0	40	75	56	83	67	60	0	86	0	0	70	62	88	60	86	91	60	0	0	82

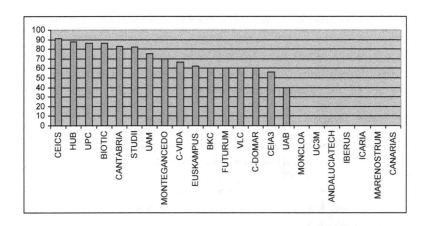

Tabla IX	CEICS	HUB	UPC	BIOTIC	CANTABRIA	STUDII	UAM	MONTEGANCEDO	C-VIDA	EUSKAMPUS	BKC	FUTURUM	VLC	C-DOMAR	CEIA3	UAB	MONCLOA	UC3M	ANDALUCIATECH	IBERUS	ICARIA	MARENOSTRUM	CANARIAS
Campus																							
Nota	91,3	88	86	86	82,7	82	75,4	70	66,7	62,3	60	60	60	60	56	40	0	0	0	0	0	0	0

Podemos observar que el índice mayor de accesibilidad Web lo presenta el Campus CEICS (Cataluña Salud) y seguido muy de cerca se encuentran HUB, UPC, Biotic Cantabria y Studii Salmantini. La mayoría de los Campus aprueban este examen preliminar. El CEI UBA tiene carencias importantes en la Accesibilidad Web de sus páginas analizadas. Hay siete que no superan el examen, ya que no tienen ninguna página de las analizadas que cumpla con la Accesibilidad Web.

Para completar el estudio deberíamos seleccionar un conjunto representativo de páginas Web de todas las universidades. Este conjunto de páginas tendría que ser suficientemente amplio para que nos permitiera tener una referencia no solo de la página Web inicial sino de todo el dominio. Seleccionaremos páginas más accedidas por personas con problemas de accesibilidad.

El siguiente paso sería realizar un estudio utilizando tanto el analizador TAW como Hera. Una vez obtenida la lista de puntos de control incumplidos tendríamos que hacer un análisis manual de todos ellos. En este estudio manual tendríamos que comprobar el funcionamiento de las páginas con distintos navegadores Web tanto los genéricos como los especializados.

Por último tendríamos que realizar una encuesta a los usuarios con dificultades de Accesibilidad después de usar estas páginas Web para comprobar sus experiencias y opiniones sobre el estado de accesibilidad.

Otro aspecto importante en el análisis de la Accesibilidad Web es la revisión continua, ya que normalmente después de una revisión y corrección de los errores que se han cometido, se continúa con el desarrollo de los sitios Web y sus contenidos. De esta forma se pueden volver a cometer errores en el cumplimiento de las pautas. Sería necesario establecer una estrategia clara de desarrollo en la que se tengan en cuenta las pautas de accesibilidad

7.2.4. Estudio alternativo con PISTA. Conclusiones del estudio.

7.2.4.1. Grado de cumplimiento de los niveles de conformidad WAI.

Siguiendo la misma metodología y utilizando el mismo número de páginas Web por Campus obtenemos los siguientes resultados:

En la tabla hemos recogido el número de páginas Web que cumplen con las normas WAI en los distintos niveles A, AA y AAA. A continuación hemos totalizado el número de páginas que cumplen con cualquiera de las niveles.

Tabla X	Número de páginas que cumplen con las normas WAI																							
	BKC	MONCLOA	UC3M	UAB	UAM	CEIA3	CANTABRIA	C-VIDA	FUTURUM	ANDALUCIATECH	UPC	IBERUS	ICARIA	MONTEGANCEDO	EUSKAMPUS	HUB	VLC	BIOTIC	CEICS	C-DOMAR	MARENOSTRUM	CANARIAS	STUDII	Total
WAI- A	15	0	0	9	15	13	14	15	15	15	15	0	0	13	15	15	15	15	15	15	0	0	0	229
WAI-AA	0	0	0	0	0	0	3	0	1	0	0	0	0	0	3	0	0	0	10	0	0	0	0	17
WAI-AAA	0	0	0	0	0	0	3	0	1	0	0	0	0	0	3	0	0	0	10	0	0	0	0	17
Total	15	0	0	9	15	13	20	15	17	15	15	0	0	13	21	15	15	15	35	15	0	0	0	263

Podemos observar que la norma WAI-A la cumplen aproximadamente el 50% de las páginas de las sedes. Hay siete sedes, el 30%, en las que ninguna página cumple con la norma WAI-A. Igual que el análisis con TAW3.

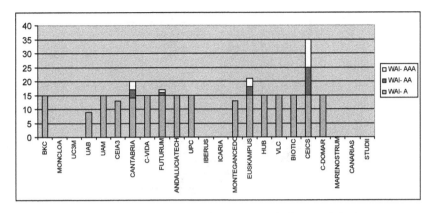

El nivel de cumplimiento de las pautas WAI-A es bastante bajo, solo el 30,43% de los Campus analizados cumplen con este nivel. Si contabilizamos todas las páginas analizadas 346, el 66,38% cumplen con WAI-A. Sólo en trece de los Campus analizados todas sus páginas cumplen WAI-A.

Los niveles WAI-AA y WAI-AAA tienen un nivel de cumplimiento bajísimo en general 4,92%, sólo en CEICS se mantiene un nivel alto de cumplimiento de la pauta WAI-AA y WAI-AAA. En este caso los resultados son mucho peores que los conseguidos con TAW3.

7.2.4.2. Principales errores por prioridades con PISTA.

En la siguiente tabla puede observarse el promedio de errores tras el análisis con PISTA de las quince primeras páginas respectivas de las nueve sedes Web. En esta tabla se muestra el número de errores acumulado por pauta y Campus.

Tabla XI	Número de errores automáticos por prioridades		
Campus	P1	P2	P3	Total
BKC	0	55	15	70
MONCLOA	1	2	1	4
UC3M	267	536	69	872
UAB	6	59	10	75
UAM	0	397	2	399
CEIA3	8	193	73	274
CANTABRIA	2	24	3	29
FUTURUM	0	16	3	19
C-VIDA	0	47	2	49
ANDALUCIATECH	0	103	8	111

UPC	0	17	25	42
IBERUS	67	157	39	263
ICARIA	3	42	18	63
MONTEGANCEDO	6	35	10	51
EUSKAMPUS	0	16	0	16
HUB	0	15	31	46
VLC	0	83	30	113
BIOTIC	0	28	5	33
CEICS	0	7	3	10
C-DOMAR	0	21	0	21
MARENOSTRUM	104	58	16	178
CANARIAS	6	7	3	16
STUDII	171	328	160	659
Total	641	2246	526	3413

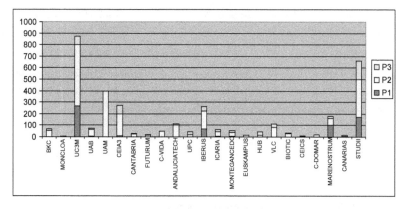

Destaca el elevado número de errores que presentan CEI UC3M y STUDII Salmantini, que tienen serias deficiencias en accesibilidad Web. Las mejores clasificadas son CEICS que sólo acumula 10 errores en total, CEI UAM, CEI Cantabria, CEI Euskampus y CEI UPC que presentan un número muy pequeño de errores menos de 25. El CEI Moncloa, tiene muy pocos errores porque sólo se puede analizar una página Web.

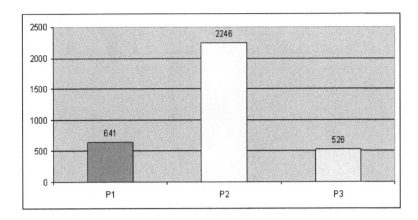

Otro aspecto a destacar es el predominio de errores en el nivel de prioridad 2 en todas las universidades. Esto hace difícil conseguir un nivel de conformidad WAI-AA en las páginas

Tabla XIV	Suma ponderada de los porcentajes sobre las páginas analizadas que cumplen las normas WAI																						
	BKC	MONCLOA	UC3M	UAB	UAM	CEIA3	CANTABRIA	C-VIDA	FUTURUM	ANDALUCIATECH	UPC	IBERUS	ICARIA	MONTEGANCEDO	EUSKAMPUS	HUB	VLC	BIOTIC	CEICS	C-DOMAR	MARENOSTRUM	CANARIAS	STUDII
WAI- A	60	0	0	36	60	52	56	60	60	60	60	0	0	52	60	60	60	60	60	60	0	0	0
WAI- AA	0	0	0	0	0	0	6	0	2	0	0	0	0	0	6	0	0	0	20	0	0	0	0
WAI- AAA	0	0	0	0	0	0	2	0	0,7	0	0	0	0	0	2	0	0	0	6,7	0	0	0	0
Total:	60	0	0	36	60	52	64	60	63	60	60	0	0	52	68	60	60	60	87	60	0	0	0

analizadas. El número de errores acumulados es menor que los encontrados con TAW.

7.2.4.3. Valoración de la Accesibilidad Web con PISTA

Tomando los datos de la Accesibilidad obtenemos el porcentaje de páginas con respecto a las analizadas que cumplen con las WAI por Campus. Consideramos más importante y con más peso que se cumplan los puntos de control de prioridad 1, ya que esto al menos nos asegura que la accesibilidad Web de la página a nivel WAI-A. Este dato expresado en la Tabla IV lo vamos a utilizar para establecer un ranking entre las universidades, asignando un peso mayor a las páginas que cumplen con las prioridades 1, 2 y 3.

Tabla XIII	Porcentaje de páginas sobre las analizadas que cumplen las normas WAI																						
	BKC	MONCLOA	UC3M	UAB	UAM	CEIA3	CANTABRIA	C-VIDA	FUTURUM	ANDALUCIATECH	UPC	IBERUS	ICARIA	MONTEGANCEDO	EUSKAMPUS	HUB	VLC	BIOTIC	CEICS	C-DOMAR	MARENOSTRUM	CANARIAS	STUDII

WAI-A	100	0	0	60	100	87	93	100	100	100	100	0	0	87	100	100	100	100	100	100	0	0	0
WAI-AA	0	0	0	0	0	0	20	0	6,7	0	0	0	0	0	20	0	0	0	67	0	0	0	0
WAI-AAA	0	0	0	0	0	0	20	0	6,7	0	0	0	0	0	20	0	0	0	67	0	0	0	0

Vamos a realizar una suma ponderada de los porcentajes sobre las páginas analizadas que cumplen las normas WAI. La relación de ponderación es la siguiente:

Tabla VII	RELACIÓN DE PONDERACIÓN
Páginas que cumplen el nivel WAI-A	0,6
Páginas que cumplen el nivel WAI-AA	0,3
Páginas que cumplen el nivel WAI-AAA	0,1

Tabla XIV	Suma ponderada de los porcentajes sobre las páginas analizadas que cumplen las normas WAI																						
	BKC	MONCLOA	UC3M	UAB	UAM	CEIA3	CANTABRIA	C-VIDA	FUTURUM	ANDALUCIATECH	UPC	IBERUS	ICARIA	MONTEGANCEDO	EUSKAMPUS	HUB	VLC	BIOTIC	CEICS	C-DOMAR	MARENOSTRUM	CANARIAS	STUDII
WAI-A	60	0	0	36	60	52	56	60	60	60	60	0	0	52	60	60	60	60	60	60	0	0	0
WAI-AA	0	0	0	0	0	0	6	0	2	0	0	0	0	0	6	0	0	0	20	0	0	0	0
WAI-AAA	0	0	0	0	0	0	2	0	0,7	0	0	0	0	0	2	0	0	0	6,7	0	0	0	0
Total:	60	0	0	36	60	52	64	60	63	60	60	0	0	52	68	60	60	60	87	60	0	0	0

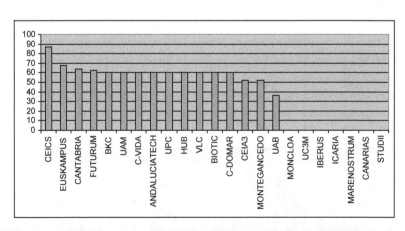

Podemos observar que el índice mayor de accesibilidad Web lo presenta el Campus CEICS (Cataluña Salud) Hay un segundo grupo de Campus con notas ente 68 y 52 que aprueban este examen preliminar. El CEI UBA tiene carencias importantes en la Accesibilidad Web de sus páginas analizadas. Hay siete que no superan el examen, ya que no tienen ninguna página de las analizadas que cumpla con la Accesibilidad Web.

Los resultados con el programa PISTA, son similares a los obtenidos con TAW, pero con notas más bajas.

7.2.5. Estudio alternativo con el resto de Herramientas

Para realizar el estudio con las herramientas online que analizan una sola página Web por ejecución. Vamos a analizar la página principal de cada Campus, seguiremos la siguiente metodología:

Entraremos en la página Web de la herramienta vamos a configurar el análisis de la siguiente forma:

- En la ventana de URL escribiremos sucesivamente por cada ejecución del programa la URL de las sedes Web de los distintos Campus.
- En las opciones tipo de estudio seleccionaremos WCAG 1.0.
- En las opciones Niveles de análisis seleccionaremos AAA.
- Pulsaremos el botón "Analizar".

Realizaremos 23 ejecuciones del programa siguiendo las pautas descritas anteriormente. Una ejecución por sitio Web de cada Campus. Una vez ejecutado el programa para un sitio Web realizaremos una grabación en un fichero, y en el vamos a mantener el resultado de la ejecución del análisis. Los datos obtenidos los llevaremos a una hoja de cálculo para obtener la tabla de datos y los gráficos.

7.2.5.0. Conclusiones del estudio con eXaminator.

En la siguiente tabla se muestra el grado de cumplimiento de las Pautas de Accesibilidad para el Contenido Web 2.0 (WCAG 2.0), que proporciona la herramienta eXaminador.

La primera columna de datos de la tabla muestra la nota que proporciona la herramienta después de ponderar las pautas que supera positivamente menos las pautas que no se superan. Las otras cinco columnas muestran el número de pautas que se superan o no clasificadas por el grado de cumplimiento.

Tabla XV	Grado de cumplimiento de las pautas de accesibilidad. (nº de pautas)					
Campus	Nota eXaminator	Muy Mal	Mal	Regular	Bien	Excelente
BKC	3,9	6	5	5		3
MONCLOA	7	1	1			4
UC3M	2,5	13	4	2		2
UAB	5,4	9	3	1		10
UAM	4,8	8	2	3		6
CEIA3	4,6	8	5	5		7
CANTABRIA	5,1	4	1	2		4
FUTURUM	5,7	7	4	2	1	8
C-VIDA	4,6	7	3	4		5
ANDALUCIATECH	4,8	8	3	5		6
UPC	7,1	4	3	2	1	10
IBERUS	4,3	11	4	2		7
ICARIA	2,3	13	3	3		1
MONTEGANCEDO	4,6	6	1	3		5
EUSKAMPUS	5,2	6	3	2		6
HUB	4,8	6	4	2		5
VLC	4,8	8	3	2		6
BIOTIC	6,6	4	2	3		8
CEICS	6,8	5	2	2		8
C-DOMAR	4,8	5	4	6		5
MARENOSTRUM	4,7	4	4	2		4
CANARIAS	4,2	6	5	3		4
STUDII	3,5	11	5	2		4

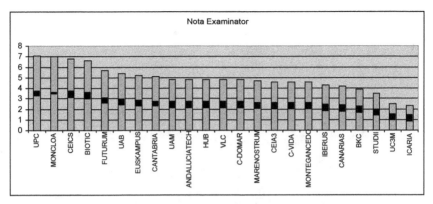

La nota obtenida no sólo depende de los errores encontrados, como en las otras herramientas sino de las pautas cumplidas. Por esto el Campus de Moncloa obtiene la segunda mayor nota no por tener muchas pautas con cumplimiento excelente (sólo 4) sino porque no tiene muchas pautas con mal cumplimiento.

Los datos obtenidos no son comparables con los del resto de las herramientas. Además de esto es la única herramienta analizada que evalúa el cumplimiento de las WCAG 2.0.

7.2.5.1. Conclusiones del estudio con INTAV.

En la siguiente tabla puede observarse el promedio de errores tras el análisis con INTAV las páginas de inicio de las veintitrés sedes Web. En esta tabla se muestra el número de errores acumulado por pauta y Campus.

Tabla XVI	Número de errores por prioridades con INTAV																							
	BIOTIC	CEICS	HUB	MONCLOA	EUSKAMPUS	CANTABRIA	UPC	UAB	MONTEGANCED	C-VIDA	MARENOSTRUM	IBERUS	C-DOMAR	VLC	UAM	FUTURUM	ANDALUCIATECH	BKC	CEIA3	STUDII	UC3M	CANARIAS	ICARIA	Total
P1	0	1	0	1	1	0	1	0	0	0	1	1	1	0	1	2	2	2	1	3	3	4	1	26
P2	1	3	4	4	5	6	6	8	7	9	7	9	9	10	10	10	9	10	12	11	11	10	16	187
P3	0	0	1	1	0	1	0	0	1	0	1	0	0	1	1	0	1	1	0	1	2	2	1	15
Total	1	4	5	6	6	7	7	8	8	9	9	10	10	11	12	12	12	13	13	15	16	16	18	228

Número de errores por prioridad INTAV

Destaca el elevado número de errores que presentan los CEI Icaria, Canarias, UC3M y STUDII Salmantini, que tienen serias deficiencias en accesibilidad Web. Las mejores clasificadas son BIOTIC y CEICS que sólo acumula 1 y 4 errores respectivamente.

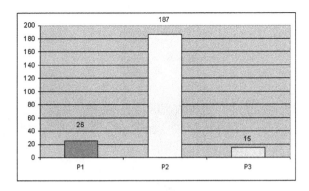

Destaca el predominio de errores en el nivel de prioridad 2 que es del orden de diez veces mayor que el de prioridad 1. Esto hace difícil conseguir un nivel de conformidad WAI-AA en las páginas analizadas.

7.2.5.2. Conclusiones del estudio con HERA.

En la siguiente tabla puede observarse el promedio de errores tras el análisis con HERA de las páginas de inicio de las veintitrés sedes Web. En esta tabla se muestra el número de errores acumulado por pauta y Campus.

Tabla XVII	Número de errores por prioridades con HERA																							
	CEICS	CANTABRIA	MONCLOA	UAM	UPC	EUSKAMPUS	HUB	ANDALUCIATECH	BIOTIC	C-DOMAR	FUTURUM	MARENOSTRUM	BKC	C-VIDA	CANARIAS	CEIA3	MONTEGANCEDO	UAB	VLC	UC3M	IBERUS	STUDII	ICARIA	Total
P1	0	0	1	0	1	0	0	0	1	0	0	1	1	0	1	1	1	0	0	1	1	3	3	16
P2	2	1	1	2	2	3	2	4	4	4	4	3	5	6	4	5	5	8	6	8	10	8	9	106
P3	0	2	2	2	2	2	3	2	1	2	3	3	2	2	3	3	3	2	4	3	2	3	3	54
Total	2	3	4	4	5	5	5	6	6	6	7	7	8	8	8	9	9	10	10	12	13	14	15	176

Número de errores por prioridad HERA

Destaca el elevado número de errores que presentan los CEI Icaria, STUDII Salmantini, Iberus y UC3M, que tienen deficiencias en accesibilidad Web. Las mejores clasificadas son CEICS y Cantabria que acumula menos de 4 errores.

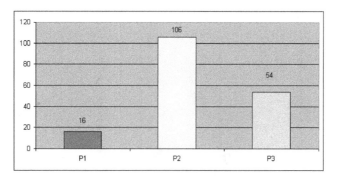

El número de errores de prioridad 1encontrados con HERA es mucho menor que con le resto de herramientas. El número de errores de prioridad 3 es mucho mayor.

7.2.5.3. Conclusiones del estudio con CYNTHIA.

En la siguiente tabla puede observarse el promedio de errores tras el análisis con CYNTHIA de las páginas de inicio de las veintitrés sedes Web. En esta tabla se muestra el número de errores acumulado por pauta y Campus.

Tabla XVIII	EUSKAMPUS	BIOTIC	CANTABRIA	HUB	CEICS	C-DOMAR	UAM	UPC	MONCLOA	ANDALUCIATECH	IBERUS	CANARIAS	BKC	C-VIDA	FUTURUM	MONTEGANCEDO	MARENOSTRUM	STUDII	UC3M	CEIA3	ICARIA	VLC	UAB	Total
P1	0	0	0	0	0	0	0	0	1	2	2	1	2	2	0	2	1	1	2	2	1	1	0	20
P2	1	1	1	1	2	2	2	2	2	2	2	2	2	3	4	2	2	2	3	3	3	4	8	56
P3	0	0	1	1	0	0	1	1	1	0	0	1	1	0	1	1	2	2	1	1	2	1	1	19
Total	1	1	2	2	2	2	3	3	4	4	4	4	5	5	5	5	5	6	6	6	6	6	9	95

Número de errores por prioridades con CYNTHIA

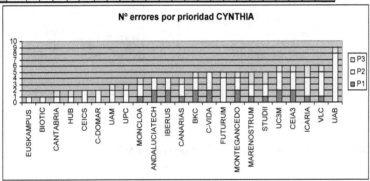

Nº errores por prioridad CYNTHIA

Destaca el elevado número de errores que presentan los CEI UAB, VLC, Icaria, y UC3M. Las mejores clasificadas son EUSKAMPUS, BIOTIC que tienen un solo error.

Tabl a XIX											Número de errores por prioridades con TAW. Página Inicial												
BIOTIC	HUB	CEICS	UPC	EUSKAMPUS	STUDII	UAM	CANTABRIA	FUTURUM	BKC	UAB	MONTEGANCEDO	MONCLOA	C-VIDA	MARENOSTRUM	VLC	CEIA3	ANDALUCIATECH	C-DOMAR	IBERUS	CANARIAS	ICARIA	UC3M	Total
P1	0	0	0	0	0	1	0	0	0	0	0	0	1	0	2	0	0	1	0	7	7	9	17	45
P2	0	0	1	1	2	0	3	2	3	3	3	3	3	5	2	6	2	5	17	12	10	15	32	130
P3	0	1	0	1	0	1	0	1	0	1	1	1	1	0	1	2	8	8	0	6	8	6	7	54
Total	0	1	1	2	2	2	3	3	3	4	4	4	5	5	5	8	10	14	17	25	25	30	56	229

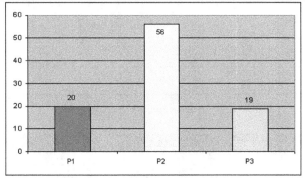

Lo más notable es el reducido número de errores que de prioridad 2 encontrados por CYNTHIA respecto a otras herramientas.

7.2.5.4. Conclusiones del estudio con TAW (a la página de inicio).

En la siguiente tabla puede observarse el promedio de errores tras el análisis con TAW de la página de inicio de las veintitrés sedes Web. Este análisis se hace para poder comparar con el estudio del restote las herramientas.

Tabla XIX								Número de errores por prioridades con TAW. Página Inicial															
	BIOTIC	HUB	CEICS	UPC	EUSKAMPUS	STUDII	UAM	CANTABRIA	FUTURUM	BKC	UAB	MONTEGANCEDO	MONCLOA	C-VIDA	MARENOSTRUM	VLC	CEIA3	ANDALUCIATECH	C-DOMAR	IBERUS	CANARIAS	ICARIA	UC3M	Total
P1	0	0	0	0	0	1	0	0	0	0	0	0	1	0	2	0	0	1	0	7	7	9	17	45
P2	0	0	1	1	2	0	3	2	3	3	3	3	3	5	2	6	2	5	17	12	10	15	32	130
P3	0	1	0	1	0	1	0	1	0	1	1	1	1	0	1	2	8	8	0	6	8	6	7	54
Total	0	1	1	2	2	2	3	3	3	4	4	4	5	5	5	8	10	14	17	25	25	30	56	229

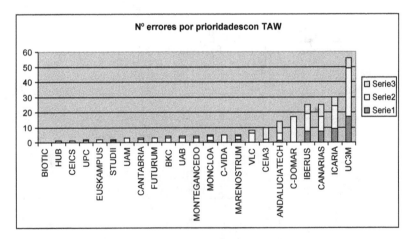

N° errores por prioridadescon TAW

Destaca el elevado número de errores que presentan los CEI UC3M, Canarias y Icaria. Las mejores clasificadas son BIOTIC sin ningún error en la página de Inicio, y HUB y CEIS que tienen un solo error.

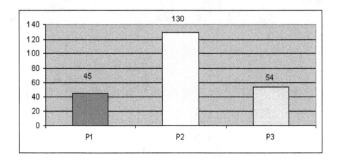

7.2.5.5. Conclusiones del estudio con PISTA (página inicio).

En la siguiente tabla puede observarse el promedio de errores tras el análisis con PISTA de la página de inicio de las veintitrés sedes Web. Este análisis se hace para poder comparar con el estudio del restote las herramientas.

Tabla XX	Número de errores por prioridades con PISTA. Página Inicial																							
	CEICS	BIOTIC	FUTURUM	UPC	EUSKAMPUS	HUB	UAB	MONCLOA	CANTABRIA	MONTEGANCEDO	BKC	C-VIDA	ANDALUCIATECH	MARENOSTRUM	STUDII	VLC	CANARIAS	CEIA3	ICARIA	C-DOMAR	IBERUS	UAM	UC3M	Total
P1	0	0	0	0	0	0	0	1	0	0	0	0	0	2	4	0	6	0	1	0	6	0	17	37
P2	0	1	2	1	2	1	2	2	3	3	4	5	5	3	3	7	7	11	14	21	14	28	27	166
P3	0	0	0	1	0	1	1	1	1	1	1	0	0	1	1	2	3	7	6	0	5	0	3	35
Total	0	1	2	2	2	2	3	4	4	4	5	5	5	6	8	9	16	18	21	21	25	28	47	238

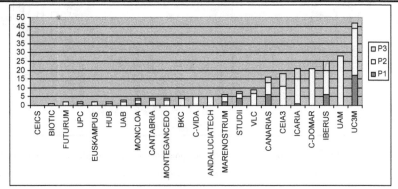

Destaca el elevado número de errores que presentan los CEI UC3M, UAM e Iberus. Las mejores clasificadas son CEICS sin ningún error en la página de Inicio, y BIOTIC que tienen un solo error.

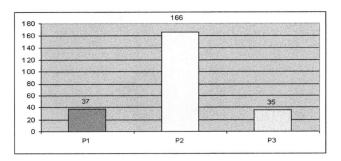

El número de errores de prioridad 1 es ligeramente inferior al de TAW, pero el número de errores de prioridad 2 es mayor.

7.2.5.7. Valoración de la Accesibilidad Web

Tabla XXI	BKC	MONCLOA	UC3M	UAB	UAM	CEIA3	CANTABRIA	C-VIDA	FUTURUM	ANDALUCIATECH	UPC	IBERUS	ICARIA	MONTEGANCEDO	EUSKAMPUS	HUB	VLC	BIOTIC	CEICS	C-DOMAR	MARENOSTRUM	CANARIAS	STUDII	Media
INTAV	13	6	16	8	12	13	7	9	12	12	7	10	18	8	6	5	11	1	4	10	9	16	15	9,9
HERA	8	4	12	10	4	9	3	8	7	6	5	13	15	9	5	5	10	6	2	6	7	8	14	7,7
CYNTHIA	5	4	6	9	3	6	2	5	5	4	3	4	6	5	1	2	6	1	2	2	5	4	5	4,1
TAW	4	5	56	4	3	10	3	5	3	14	2	25	30	4	2	1	8	0	1	17	5	25	2	10,0
PISTA	5	4	47	3	28	18	4	5	2	5	2	25	21	4	2	2	9	1	0	21	6	16	8	10,3
Media	7	4,6	27,4	6,8	10	11,2	3,8	6,4	5,8	8,2	3,8	15,4	18	6	3,2	3	8,8	1,8	1,8	11,2	6,4	13,8	8,8	8,4

Número de errores totales de las páginas iniciales de cada Campus con cada herramienta.

A partir de los datos obtenidos por el análisis de las páginas de Inicio de los Campus vamos a hacer un ranking de las páginas Web. Nos vamos a basar en el número de errores que se han detectado con cada herramienta.

Vamos a realizar una valoración de las páginas Web con los criterios siguientes:

Tabla XXII	NOTA DE LA PÁGINA
Páginas sin errores	10
Páginas con 1 ó 2 errores	9
Páginas con 3 ó 4 errores	8
Páginas con 5 ó 6 errores	7
Páginas con 7 ó 8 errores	6
Páginas con 9 ó 10 errores	5
Páginas con 11 ó 12 errores	4
Páginas con 13 ó 14 errores	3
Páginas con 15 ó 16 errores	2
Páginas con 17 ó 18 errores	1
Páginas con más de 18 errores	0

Obtenemos el siguiente ranking:

	CEICS	BIOTIC	EUSKAMPUS	HUB	CANTABRIA	UPC	MONCLOA	FUTURUM	MONTEGANCE DO	UAB	C-VIDA	MARENOSTRU M	BKC	ANDALUCIATE CH	UAM	VLC	STUDII	C-DOMAR	CEIA3	CANARIAS	IBERUS	UC3M	ICARIA	Nota media
NOTA PONDERADA DE CADA CAMPUS A PARTIR DE SUS ERRORES																								
TAV	8	9	7	7	6	6	7	4	6	6	5	5	3	4	4	4	2	5	3	2	5	2	0	4,8
ERA	9	7	7	7	8	7	8	6	5	5	6	6	6	7	8	5	3	7	5	6	3	4	2	6
YNT HIA	9	9	9	9	9	8	8	7	7	5	7	7	7	8	8	7	7	9	7	8	8	7	7	7,7
AW	9	10	9	9	8	9	7	8	8	8	7	7	8	3	8	6	9	1	5	0	0	0	0	6
STA	10	9	9	9	8	9	8	9	8	8	7	7	7	7	0	5	6	0	0	2	0	0	0	5,6
EDIA	9	8,8	8,2	8,2	7,8	7,8	7,6	6,8	6,8	6,4	6,4	6,4	6,2	5,8	5,6	5,4	5,4	4,4	4	3,6	3,2	2,6	1,8	6

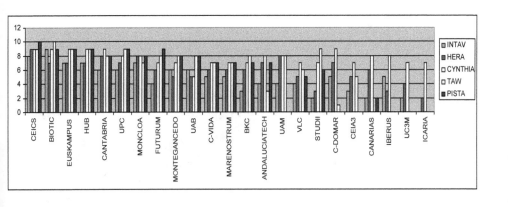

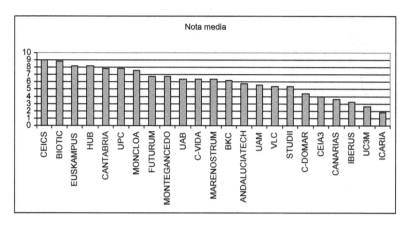

Podemos observar que el índice mayor de accesibilidad Web lo presenta el Campus CEICS, seguido también con muy buenos resultados por BIOTIC, EUSKAMPUS y HUB. La mayoría de los Campus, 17 de 23, aprueban (obtienen más de 5 sobre 10). Los Campus de ICARIA, UC3CM y IBERUS, tienen muchos problemas de accesibilidad y obtienen una calificación muy baja, por debajo de 3 puntos

7.2.5.8. Valoración de las Herramientas de Accesibilidad Web

A partir de los datos obtenidos por el análisis de las páginas de Inicio de los Campus vamos a hacer una valoración de las herramientas utilizadas. Nos vamos a basar en el número de errores que se han detectado con cada herramienta.

El estudio de los tipos de errores por prioridad nos proporciona la tabla y el gráfico:

Tabla XXI	Número de errores de cada herramienta por prioridad.						
	INTAV	HERA	CYNTHIA	TAW	PISTA	Suma	Media
P1	26	16	20	45	37	144	28,8
P2	187	106	56	130	166	645	129
P3	15	54	19	54	35	177	35,4
Total	228	176	95	229	238	966	193,2
Media	76	58,67	31,67	76,33	79,33	322	64,4

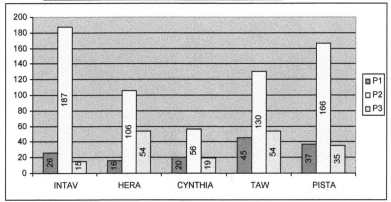

Como muestran las gráficas para los errores de prioridad 1 destaca la herramienta TAW, que encuentra 45 errores muy por encima de la media 28,8 errores.

Para errores de prioridad 2 destaca la herramienta INTAV y PISTA por encima de la media de 129 errores. La herramienta CYNTHIA encuentra muy pocos errores de prioridad 2.

La herramienta que más errores de prioridad 3 encuentra es TAW y HERA. La media de errores de prioridad 3 es 35.4, INTAV es la herramienta que más se desvía de la media con 16 errores.

De estos resultados podemos concluir que la mejor herramienta para el análisis de errores es TAW seguida de PISTA, que están por encima de la media.

8. Conclusiones.

- En cuanto a las herramientas para evaluar la Accesibilidad Web, existen herramientas gratuitas y flexibles que nos permiten determinar el grado de accesibilidad que tienen los sitios Web. Estas herramientas son fáciles de instalar y utilizar, pudiendo incluso elaborar informes sobre los puntos que incumplen las pautas y las causas por las que los incumplen.

- Existen herramientas de valor añadido que nos permiten monitorizar la accesibilidad de los sitios Web de forma desatendida. Estas herramientas tienen un coste que la organización tendrá que evaluar si es necesario contratar.

- Sería muy importante que el cumplimiento de las pautas de accesibilidad se adelantara al momento del desarrollo de los sitios Web. Tanto en el contenido de los sitios, como en los componentes que permiten acceder al contenido Web. Existe una herramienta desarrollada recientemente en la familia TAW, que permite integrar la aplicación de las pautas de accesibilidad en la edición de los contenidos. Esto se llevará a cabo en algunos editores integrados en plataformas de gestión de contenidos como Liferay, OpenCMS, Wordpress, Drupal o Joomla!.

- Existe la necesidad de cumplir con las exigencias gubernamentales de llegar a tener las sedes Web de las Administraciones Públicas cumpliendo con los puntos de prioridad 2 (WAI-AA) al final del 2008, cosa que todavía a finales de 2010 no se ha cumplido.

- En el estudio preliminar de la Accesibilidad Web podemos observar un nivel aceptable de la mayoría de los Campus de Excelencia Internacional para el nivel WAI-A.

- La mayoría de los Campus no cumplen el nivel de Accesibilidad Web WAI-AA, sólo 4 de 23.

- Las herramientas analizadas tienen puntos fuertes y puntos débiles. Para localizar errores de prioridad 1 destaca la herramienta TAW. Para errores de prioridad 2 destaca la herramienta INTAV y PISTA. Para errores de prioridad 3 encuentra es TAW y HERA.

9. Referencias.

1. Abrahao, S., Cachero, C., Matera, M., 2008.
   Web Usability and Accessibility.
   Journal of Web Engineering 4, 257-257.

2. Aburas, A.A., Mustapha, N.A.C., Salleh, N.M.M., 2008.
   An Analysis of Accessibility and Usability of HUM Web Site using Fuzzy Logic: Case Study.
   International Symposium of Information Technology 2008 704-709.

3. Arguimbau, L., Cervera, A., Latorre, R., Martí, M., Guerrero, R., 2008.
   El Portal MERIDIA Del Observatorio De La Investigación (OR-IEC): Análisis, Promoción y Difusión Del Conocimiento Científico Catalán.
   Coneixement i Societat. Revista d'Universitats, Recerca i Societat de la Informació 15, 78-103.

4. Armstrong, A., 2009.
   Design Talk: Understanding the Roles of Usability Practitioners, Web Designers, and Web Developers in User-Centered Web Design.
   Journal of Academic Librarianship 4, 386-387.

5. Arroyo-Vázquez, N., 2009. Web Móvil y Bibliotecas.
   El Profesional de la Información 2, 129-136.

6. Benavídez,C, Fuertes, J, Gutiérrez, E and Martínez,L 2006
   Semi-automatic Evaluation of Web Accessibility with HERA 2.0
   Computers Helping People with Special Needs Volume 4061/2006
   Springer

7. Benito Amat, C., 2005.
   Rendimiento De 8 Sistemas De Recuperación De Información Del Espacio Web Español.
   El Profesional de la Información 5, 335-346.

8. Bolchini, D., Garzotto, F., Sorce, F., 2009.
   Does Branding Need Web Usability?
   A Value-Oriented Empirical Study.
   Human-Computer Interaction - Interact 2009, 5727, 652-665.

9. Cambil Martín, Jacobo [2008]
   Desarrollo de un método de valoración de accesibilidad, legibilidad y usabilidad (ALEU) de páginas Web de enfermería española / Jacobo Cambil Martín ;[dirigida por] Carmen Villaverde Gutiérrez
   Granada : Universidad de Granada,

10. Carpallo Bautista, A., Clausó García, A., Otero González, M.L., 2007.
Evaluación De Los Recursos Web De Las Entidades Dedicadas a La Documentación e
Investigación Musical En España.
10ª Jornadas Españolas de Documentación, Santiago de Compostela, 2007
106-113.

11. Chen, Y., Germain, C.A., Yang, H., 2009.
An Exploration into the Practices of Library Web Usability in ARL Academic Libraries.
J. Am. Soc. Inf. Sci. Technol. 5, 953-968.

12. Choi, J.K., Kim, H.J., Jin, B.S., Ji, Y., 2009.
Web-Based System Development for Usability Evaluation of Ubiquitous Computing Device.
13th International Conference on Human-Computer Interaction 5610, 224-231.

13. Choi, S., Kim, S., Kim, S., 2008.
Korean Web Site Usability for Disabled People.
8th Asia-Pacific Conference on Computer-Human Interaction 5068, 405-412.

14. Cinar, M.O., 2009.
Eye Tracking Method to Compare the Usability of University Web Sites: A Case Study.
1st International Conference on Human Centered Design held at the 13th
International Conference on Human Computer Interaction 5619, 671-678.

15. Conte, T., Massolar, J., Mendes, E., Travassos, G.H., 2009.
Web Usability Inspection Technique Based on Design Perspectives.
Iet Software; 21st Brazilian Symposium in Software Engineer 3, 106-123.

16. Conte, T., Vaz, V.T., Massolar, J., Mendes, E., Travassos, G.H., 2008.
Process Model Elicitation and a Reading Technique for Web Usability Inspections.
International Workshop on Web Information Systems Engineering (WISE 2008)

17. Costa, C.J., Novais Silva, J.P., Aparicio, M., 2007.
Evaluating Web Usability using Small Display Devices.
25th ACM International Conference on Design of Communication 263-268.

18. Cristóbal Fransi, E., 2006.
El Merchandising En El Establecimiento Virtual: Una Aproximación Al Diseño y La
Usabilidad.
Esic-Market 123, 139-163.

19. Czaja, S.J., Sharit, J., Nair, S.N., 2008.
Usability of the Medicare Health Web Site.

Jama-Journal of the American Medical Association 7, 790-792.

20. De Lucia, A., Di Penta, M., Lanubile, F., Torchiano, M., 2009.
METAMORPHOS: MEthods and Tools for migrAting Software systeMs Towards Web and Service Oriented aRchitectures: ExPerimental
Evaluation, Usability, and tecHnOlogy tranSfer.
13th European Conference on Software Maintenance and Reengineering 301-304.

21. Donker-Kuijer, M.W., De Jong, M., Lentz, L., 2008.
Heuristic Web Site Evaluation: Exploring the Effects of Guidelines on Experts
Detection of Usability Problems.
Technical Communication 4, 392-404.

22. Fernández Sande, M., Fraile García, E., Gómez Navarro, N., Rubio Carrión, N., 2005.
Evaluación Sobre La Accesibilidad y Usabilidad De Los Recursos Informativos
En La Web Para Los Usuarios Ciegos.
Congreso del capítulo español de ISKO: La dimensión del conocimiento. VII. 2005. Barcelona 163-176.

23. Fisher, J., Burstein, F., Lynch, K., Lazarenko, K., 2008.
"Usability Plus Usefulness = Trust": An Exploratory Study of Australian Health Web Sites.
Internet Research 5, 477-498.

24. Foglia, P., Prete, C.A., Zanda, M., 2008.
Relating GSR Signals to Traditional Usability Metrics: Case Study with an Anthropomorphic Web Assistant.
25th IEEE Instrumentation and Measurement Technology Conference 1814-1818.

25. Fuertes Castro, J.L., Martínez Normand, L., 2007.
Accesibilidad Web. Trans.
Revista de Traductología 11, 135-154.

26. García Gómez JC 2008
Análisis de usabilidad de los portales en español para personas mayores
No sólo usabilidad. ISSN-1886-8592

27. González Flórez, Jhon Alexander. 2006
Pautas de accesibilidad Web para bibliotecas.
Buenos Aires: Alfagrama,

28. Granic, A., Mitrovic, I., Marangunic, N., 2008.
Usability Evaluation of Web Portals. 427-432.

---

29. Granic, A., Mitrovic, I., Marangunic, N., 2008.
Experience with Usability Testing of Web Portals.
30th International Conference on Information Technology Interfaces 161-168.

30. Green, D.T., Pearson, J.M., 2009.
The Examination of Two Web Site Usability Instruments for use in B2c E-Commerce
Organizations.
Journal of Computer Information Systems 4, 19-32.

31. Hassan Montero, Y., 2006.
Factores Del Diseño Web Orientado a La Satisfacción y no-Frustración De Uso. Revista
Española de Documentación Científica 2, 239-257.

32. Huber, W., Vitouch, P., 2008.
Usability and Accessibility on the Internet: Effects of Accessible Web Design on Usability.
**11th International Conference on Computers Helping People with Special
Needs** 5105, 482-489.

33. Ignacio Panach, J., Condori-Fernandez, N., Valverde, F., Aquino, N., Pastor, O., 2008.
Towards an Early Usability Evaluation for Web Applications.
**Software Process and Product Measurement; LECTURE NOTES IN
COMPUTER SCIENCE; Joint Meeting of the International Workshop on
Software Measurement (IWSM)/International Conference on Software
Process and Product Measurement (MENSURA)** 4895, 32-45.

34. Insfran, E., Fernandez, A., 2008.
A Systematic Review of Usability Evaluation in Web Development.
5176, 81-91.

35. Jarrett, C., Quesenbery, W., Roddis, I., Allen, S., Stirling, V., 2009.
Using Measurements from Usability Testing, Search Log Analysis and Web Traffic Analysis to
Inform Development of a Complex Web Site used for Complex Tasks. 5619, 729-738.

36. Javidi, G., 2008.
A Usability Evaluation Instrument for Web Interface Consistency. 248-253.

37. Kapsi, M., Vlachogiannis, E., Darzentas, J., Spyrou, T., 2009.
The Usability of Web Accessibility Guidelines: An Approach for Evaluation.
5616, 716-724.

38. Kenett, R.S., Harel, A., Ruggeri, F., 2009.
Controlling the Usability of Web Services.
International Journal of Software Engineering and Knowledge Engineering 5, 627-651.

39. Lara Navarra, Pablo, José Angel Martínez Usero [2006]
    La accesibilidad de los contenidos Web
    Barcelona : Universidad Abierta de Cataluña

40. Law, R., Cheung, C., Hu, T., 2009.
    Analyzing the Usability of Travel Web Sites in Hainan, China: The Perspectives of e-Buyers
    and e-Lookers.
    International Journal of Contemporary Hospitality Management 5, 619-626.

41. Long, A.C., Palermo, T.M., 2009.
    Brief Report: Web-Based Management of Adolescent Chronic Pain: Development and
    Usability Testing of an Online Family Cognitive Behavioral Therapy Program. J. Pediatr.
    Psychol. 5, 511-516.

42. López-de-la-Fuente, J., 2009.
    Merkur: Herramienta De Transcodificación Parametrizada De Contenidos Web Para Móviles.
    El Profesional de la Información 2, 218-222.

43. Lukosch, S., Bourimi, M., 2008.
    Towards an Enhanced Adaptability and Usability of Web-Based Collaborative Systems.
    International Journal of Cooperative Information Systems; 13th International
    Workshop on Groupware 17, 467-494.

44. Mahmoud, M., El Neil, A., 2008.
    Usability and its Role in Enhancing the Online User Experience in the Egyptian Web-Based
    Governmental Services Portals.
    Webist 2008: Proceedings of the Fourth International Conference on Web
    Information Systems and Technologies, Vol 2; 4th International Conference
    on Web Information Systems and Technologies 308-312.

45. Marcos Mora, M.C., Rovira Fontanals, C., 2005.
    Evaluación De La Usabilidad En Sistemas De Información Web Municipales: Metodología De
    Análisis y Desarrollo.
    Congreso del capítulo español de ISKO: La dimensión del conocimiento. VII.
    2005. Barcelona415-432.

46. Martin, L., 2008.
    Usability Analysis and Visualization of Web 2.0 Applications.
    Wse 2008: Tenth Ieee International Symposium on Web Site Evolution,
    Proceedings; IEEE International Symposium on Web Site Evolution; 10th
    IEEE International Symposium on Web Site Evolution 121-124.

47. Martínez Usero, J.Á., 2008.

La Ley 4/2007 De Universidades y La Integración De Los Estudiantes Con Diversidad Funcional En La Sociedad Del Conocimiento. RUSC.
Revista de Universidad y Sociedad del Conocimiento 1.

48. McKay, D., Burriss, S., 2008.
Improving the Usability of Novel Web Software: An Industrial Case Study of an Institutional Repository.
Web Information Systems Engineering, Proceedings; LECTURE NOTES IN COMPUTER SCIENCE; International Workshop on Web Information Systems Engineering (WISE 2008) 5176, 102-111.

49. Molina, F., Toval, A., 2009.
Integrating Usability Requirements that can be Evaluated in Design Time into Model Driven Engineering of Web Information Systems.
Advances in Engineering Software; 9th International Conference Human-Computer Interaction/7th International Conference on Computer-Aided Design of User Interface 40, 1306-1317.

50. Montero, YH, Martín Fernández,F 2004
Propuesta de adaptación de la metología de diseño centrado en el usuario para el desarrollo de sitios Web accesibles
Revista española de Documentación Científica, Vol 27, No 3 (2004)

51. Moore, M., Bias, R.G., Prentice, K., Fletcher, R., Vaughn, T., 2009.
Web Usability Testing with a Hispanic Medically Underserved Population.
Journal of the Medical Library Association 2, 114-121.

52. Nathan, R.J., Yeow, P.H.P., Murugesan, S., 2008.
Key Usability Factors of Service-Oriented Web Sites for Students: An Empirical Study.
Online Information Review 3, 302-324.

53. O'Rourke, C., 2008.
Usability Success Stories - how Organisations Improve by Making Easier-to use Software and Web Sites.
Ergonomics 11, 1790-1791.

54. Ovalle Perandones, M.A., Olmeda Gómez, C., 2005.
Los Instrumentos De Medida De Calidad y Accesibilidad De La Información Sanitaria En Internet Aplicados a Los Contenidos Sobre Evaluación De Tecnologías Sanitarias.
Congreso del capítulo español de ISKO: La dimensión del conocimiento. VII. 2005. Barcelona 478-493.

55. Ozok, A., 2008.
Web Usability: A User-Centered Design Approach.
Int. J. Hum. -Comput. Interact. 6, 616-618.

56. Pastor, Carmen Alba [2005]
Educación superior sin barreras: la accesibilidad de las universidades para los estudiantes con discapacidad
Faculty of Education, Queen's University

57. Pearson, J.M., Pearson, A.M., 2008.
An Exploratory Study into Determining the Relative Importance of Key Criteria in Web Usability: A Multi-Criteria Approach.
Journal of Computer Information Systems 4, 115-127.

58. Pearson, J.M., Pearson, A., Green, D., 2007.
Determining the Importance of Key Criteria in Web Usability.
Management Research News 11, 816-828.

59. Perona Páez, J.J., 2004.
Exclusión Social, Discapacitados y Educación. Apuntes Sobre El Papel De Los Medios Audiovisuales y De Las TIC.
Red Digital: Revista de Tecnologías de la Información y Comunicación Educativas 5.

60. Ramos Vielba, I., Clabo Clemente, N., 2008.
Calidad De Las Sedes Web De Las OTRI Universitarias Andaluzas: Contenidos, Usabilidad y Accesibilidad.
Revista Española de Documentación Científica 3, 366-395.

61. Ribera, M., Térmens, M., Frías, A., 2009.
La Accessibilidad De Las Webs De Las Universidades Españolas. Balance 2001-2006.
Revista Española de Documentación Científica 3, 66-88.

62. Rodríguez Martínez, D., 2009.
Web 2.0, Accesibilidad y La Brecha Digital.
Innovación Educativa 19, 91-115.

63. Rodríguez-Porrero Miret, C., 2007.
Experiencias En La Intervención Con El Entorno Facilitador De La Autonomía Personal.
Intervención Psicosocial 2, 261-268.

64. Rogers, R., Preston, H., 2009.
Usability Analysis for Redesign of a Caribbean Academic Library Web Site: A Case Study.
OCLC Systems & Services 3, 200-211.

65. Rovira Fontanals, C., 2007.
Análisis y Evaluación De Los Sitios Web De Televisiones En Catalán.
BiD: textos universitaris de biblioteconomia i documentació 18.

66. Rovira, C., Marcos, M.C., Codina, L., 2007.
Repositorios De Publicaciones Digitales De Libre Acceso En Europa: Análisis y Valoración De La Accesibilidad, Posicionamiento Web y Calidad Del Código.
El Profesional de la Información 1, 24-38.

67. Saavedra, V., Teixeira, L., Ferreira, C., Santos, B.S., 2009.
A Preliminary Usability Evaluation of Hemo@Care: A Web-Based Application for Managing Clinical Information in Hemophilia Care.
Human Centered Design, Proceedings; Lecture Notes in Computer Science; 1st International Conference on Human Centered Design held at the 13th International Conference on Human Computer Interaction 5619, 785-794.

68. Saremi, H.Q., Montazer, G.A., 2006.
Web Usability: A Fuzzy Approach to the Navigation Structure Enhancement in a Website System, Case of Iranian Civil Aviation Organization Website.
Proceedings of World Academy of Science, Engineering and Technology, Vol 16; Proceedings of World Academy of Science Engineering and Technology; Conference of the World-Academy-of-Science-Engineering-and-Technology 16, 123-128.

69. Serrano Mascaraque, E., Moratilla Ocaña, A., Olmeda Martos, I., 2009.
Directrices Técnicas Referidas a La Accesibilidad Web.
Anales de Documentación 255-280.

70. Sloan, L.K., 2008.
Usability Success Stories: How Organizations Improve by Making Easier-to-use Software and Web Sites.
Technical Communication 3, 294-295.

71. Stara, V., Penna, M.P., Tascini, G., 2009.
An E-Usability View of the Web: A Systemic Method for User Interfaces.
Processes of Emergence of Systems and Systemic Properties - Towards a General Theory of Emergence; 4th National Conference of the Italian-Systems-Society 181-192.

72. Tanuri, S.A., 2009.
User-Centred Library Web Sites: Usability Evaluation Methods.
Program-Electronic Library and Information Systems 1, 109-110.

73. Tung, L.L., Xu, Y., Tan, F.B., 2009.
Attributes of Web Site Usability: A Study of Web Users with the Repertory Grid Technique.
International Journal of Electronic Commerce 4, 97-126.

74. Uddin, M.N., Janecek, P., 2007.
Performance and Usability Testing of Multidimensional Taxonomy in Web Site Search and Navigation.
Performance Measurement and Metrics 1, 18-33.

75. Varela García, F.A., Varela García, J.I., Martínez Crespo, G., 2006.
Aplicación De Los SIG y Servidores De Mapas En El Análisis De La Accesibilidad Territorial En Áreas Metropolitanas.
Experiencia En Los Campus De La Universidad De A Coruña. 1821-1831.

76. Voces Merayo, R., 2008.
El Contenido Audiovisual: Otro Reto Para La Accesibilidad Web.
BiD: textos universitaris de biblioteconomia i documentació .

77. Voces Merayo, R., Codina Bonilla, L., 2008.
La Accesibilidad Potencial y Real Del Formato Pdf: Análisis De Diarios Digitales Españoles.
El Profesional de la Información 2, 205-212.

78. Wang, X., Liu, J., 2007.
Usability Evaluation of B2C Web Site.
2007 International Conference on Wireless Communications, Networking and Mobile Computing 3837-3840.

79. Watanabe, M., Yonemura, S., Asano, Y., 2009.
Investigation of Web Usability Based on the Dialogue Principles.
Human Centered Design, Proceedings; Lecture Notes in Computer Science; 1st International Conference on Human Centered Design held at the 13th International Conference on Human Computer Interaction 5619, 825-832.

80. Weddell, S., 2009.
User-Centred Library Web Sites: Usability Evaluation Methods.
4/5, 359-361.

81. Wiley, D.L., 2009.
When Search Meets Web Usability.
Online 6, 63-63.

82. Wu, M., Zhang, L., Xing, Q., Dai, L., 2007.
A Study for Understanding E-Commerce Adoption in China's Service SMEs from Web Usability Perspective.
2007 International Conference on Wireless Communications, Networking and Mobile Computing, Vols 1-15; International Conference on Wireless Communications, Networking and Mobile Computing; 3rd International

Conference on Wireless Communications, Networking and Mobile Computing (WiCOM 2007) 3420-3423.

83. Yakel, E., 2005.
Los Archivos En La Era De La Accesibilidad. Lligall.
Revista Catalana d'Arxivística 23, 117-134.

84. Yushiana, M., Rani, W.A., 2007.
Heuristic Evaluation of Interface Usability for a Web-Based OPAC.
Library Hi Tech 4, 538-549.

85. Zhu, Z., Hu, Y., Dong, X., Li, Z., 2008.
Discovery Mechanism Based on the Usability of the Semantic Web Service.
Fifth International Conference on Fuzzy Systems and Knowledge Discovery, Vol 3, Proceedings; 5th International Conference on Fuzzy Systems and Knowledge Discovery 532-536.

86. Zimmerman, D., Paschal, D.B., 2009.
An Exploratory Usability Evaluation of Colorado State University Libraries' Digital Collections and the Western Waters Digital Library Web Sites.
Journal of Academic Librarianship 3, 227-240.

87. Zumer, M., 2009.
User-Centred Library Web Sites.
Usability Evaluation Methods.
Journal of Documentation 4, 707-708.

88. Accesibilidad Web Universidad de Alicante:
http://accesibilidadweb.dlsi.ua.es/?menu=guiabreve

89. Beneficios Auxiliares del Diseño Web Accesible
http://www.sidar.org/recur/desdi/traduc/es/borrador/beneacce

90. Tabla de Puntos de Verificación para las Pautas de Accesibilidad al Contenido en la Web 1.0:
http://www.discapnet.es/web_accesible/wcag10/full-checklist.html

91. Pautas de Accesibilidad de Contenido Web 2.0
http://www.codexexempla.org/traducciones/pautas-accesibilidad-contenido-web-2.0.htm

92. Diferencias de prioridad entre los requisitos UNE 139803:2004 y los puntos de control de las WCAG 1.0:
http://olgacarreras.blogspot.com/2007/01/diferencias-de-prioridad-entre-los.html

93. Validador de accesibilidad PISTA http://www.mqaccesibilidad.com/2008/07/validador-de-accesibilidad-pista.html

94. Validación de accesibilidad de acuerdo a las WCAG 2.0 con PISTA: http://olgacarreras.blogspot.com/2009/03/validacion-de-accesibilidad-de-acuerdo.html

95. Lista de validadores automáticos de accesibilidad web: http://www.mqaccesibilidad.com/2007/02/lista-de-validadores-automticos-de.html